発達障害
「不可解な行動」には理由《ワケ》がある

岩波 明

SB新書
662

はじめに

「発達障害なんて理解できない」と諦めないで
——愛情を持って関わり続けるために

「自分の家族の行動がよく理解できない」
「職場の同僚がなぜあんな発言や仕事のしかたをするのかわからない」
「教室での児童や生徒の振る舞いが予測できない」
「臨床や支援で関わっている当事者の人とうまくコミュニケーションできない」

家庭で、職場で、学校で、さらに病院や施設で……。本書を手に取ってくださったのは、発達障害の当事者が身近にいて、不可解な言動に悩んだり、困ったりしている方々や、**発達障害の人たちの行動を理解したい、その手掛かりやヒントを得たいと願っている人**だと思います。

本書は、そのような読者に向けて、**実際の事例や最近の研究成果を盛り込みながら、発達障害の人たちの一見不可解な言動の「理由」や「原因」と、それに対する「対応」を解説**した1冊です。

本書を通じて、周囲に発達障害の当事者がいる人々に、「なるほど、そうか」「これなら大丈夫」といった安心感や希望を与えることができたら、著者として、1人の医師として嬉しく思います。

2024年7月

岩波明

発達障害「不可解な行動」には理由《ワケ》がある◎もくじ

第3章 当事者たちが抱える悩みとは？……135

第4章　ともに生きやすくするための処方箋

序章

まずみなさんにお伝えしたいこと

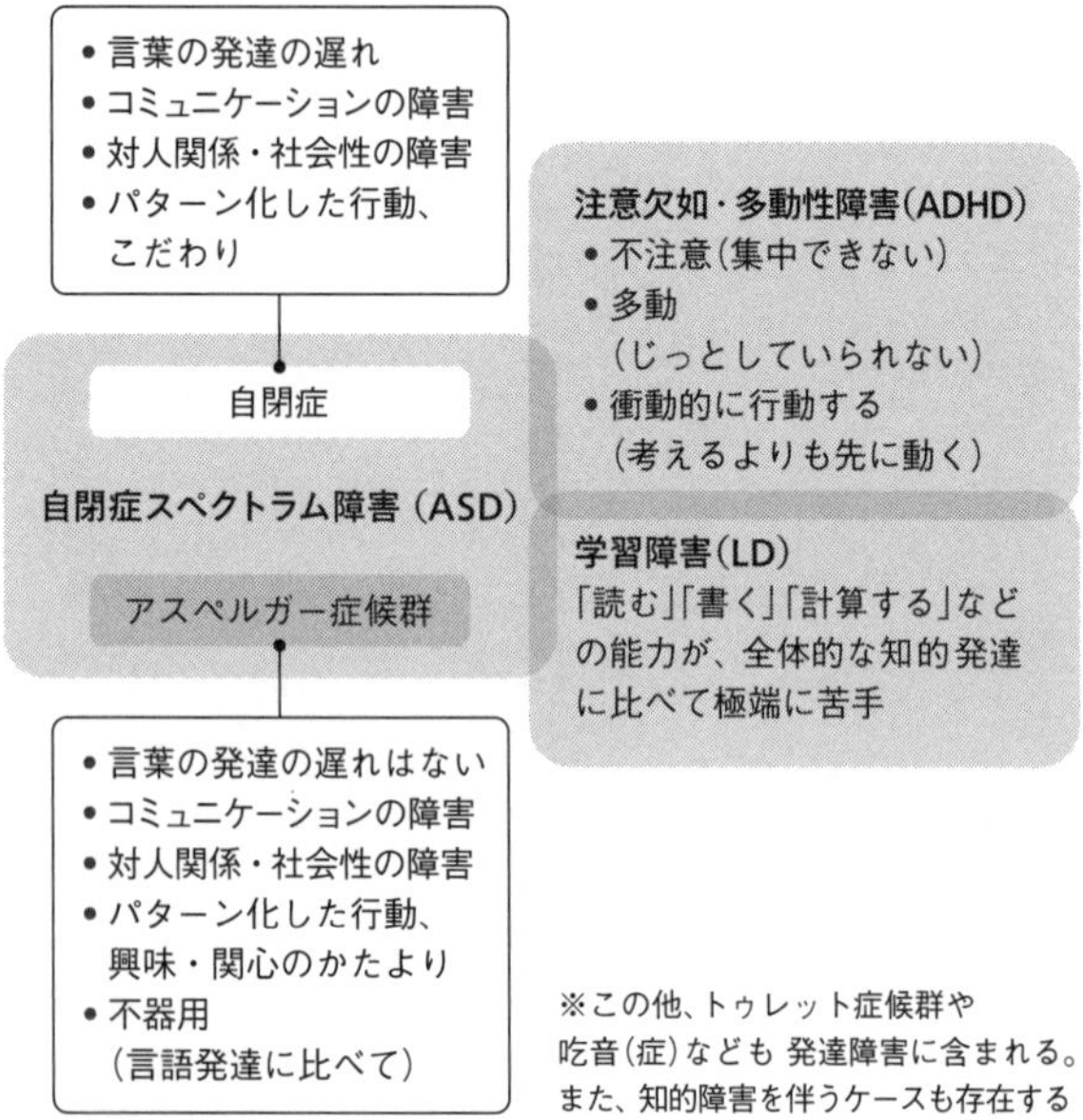

・言葉の発達の遅れ
・コミュニケーションの障害
・対人関係・社会性の障害
・パターン化した行動、こだわり
自閉症
自閉症スペクトラム障害（ASD）
アスペルガー症候群
・言葉の発達の遅れはない
・コミュニケーションの障害
・対人関係・社会性の障害
・パターン化した行動、興味・関心のかたより
・不器用（言語発達に比べて）
注意欠如・多動性障害（ADHD）
・不注意（集中できない）
・多動（じっとしていられない）
・衝動的に行動する（考えるよりも先に動く）
学習障害（LD）
「読む」「書く」「計算する」などの能力が、全体的な知的発達に比べて極端に苦手
※この他、トゥレット症候群や吃音（症）なども 発達障害に含まれる。また、知的障害を伴うケースも存在する

代表的な発達障害

出典：厚生労働省、社会保障審議会障害者部会（第80回）参考資料5「発達障害支援法の改正について」をもとにSBクリエイティブ株式会社が作成

▼初めにお伝えしたい2つのこと

発達障害の専門外来を担当している私から、発達障害の当事者が身近にいらっしゃる方々に対して、最初にお伝えしたいことが2つあります。

1つめは、**「『発達障害は理解できないもの』と諦める必要はありません」**ということです。そして2つめは、**「発達障害と診断された人（あるいはその可能性の大きい人）の大部分が、通常の社会生活を送り、仕事に就いている」**という事実です。

なぜ、この2つが重要なのでしょうか？

それは、当事者の身近な人（＝読者）が、**「発達障害のある家族や同僚に、愛情や親しみを持って関わり続ける」**ことが、彼らの生きやすさ、暮らしやすさにつながり、さらにそのことが周囲の人やコミュニティに幸福や活力をもたらすからです。そのためには、この2つの前提を認識し心に留めておいてください。

あなたの身近な人が「発達障害」と診断された場合を考えてみましょう。病院では「患者」、行政上は「障害者」と見なされるのですから、少なからずショックを受けるのは当然です。けれども、発達障害と診断された方のほとんどは通常の社会生活を送り、就職して仕事をしているのであり、その意味では健常者の一部として捉えるのが適切でしょう。

ですから、私としては、

- 発達障害は「疾患」「障害」というよりも「特性」と捉え、健常者の中にある1つのグループと認識するのが自然である
- その上で、個々の特性に関する適切な対処法を家庭や学校、職場で実践することによって、当事者が活躍できる可能性は十分にある

と考えています。

▼「親の育て方のせい」は医学的に完全な誤り

さらに、読者の方々、中でも当事者の親御さんにお伝えしたいことが1つあります。『親の育て方が原因で発達障害の特性が表れるようになったのでは？』と思い込んでいる人もいると思いますが、それは完全な誤解」ということです。

発達障害は生まれつきのもので、生下時《せいかじ》からの特性によるものです。「子育ての方法

や生活環境が違っていたら、特性の表れ方も違っていたのだろうか？　今見られるような問題は生じなかったのではないだろうか？」と後悔したり悩んだりしている方も多いと思いますが、子育てのしかたや生活環境によって発達障害が「発症」することはありません。

たとえば、ASD（自閉スペクトラム症、自閉症スペクトラム障害）の特性がある人は、出生した時点からASDの特性を備えています。乳児期も、幼児期も、学生時代も、成人になってからもASDである、という連続性があるわけです。つまり、親御さんが「私たちの育て方に原因があったのでは？」と思い悩む必要はないのです。

にもかかわらず、いまだに多くの親御さんが誤解しているのは、これまで長い年月にわたり、繰り返し「発達障害は養育によって発症する」と論じられてきた経緯があるからです。

ASDを例に解説します。

ASDは、1943年、オーストリア系アメリカ人の児童精神科医レオ・カナーによる「早期幼児自閉症（early infantile autism）」の概念にさかのぼれます。

当時の論文でカナーは、この疾患は対人的なコミュニケーションの問題とこだわりの強さの特徴が見られるとし、「親の養育が原因である」と言い切っています。しかしその後、この「親の養育によって発症する」というのは完全なる誤りであることが示され、カナー自身も考えを改めました。

さらに、カナーは著作の中でもう1つ重大な誤りを記載しています。それは統合失調症との関連についてです。統合失調症とは、幻覚、妄想を主症状として、思考や行動、感情をコントロールする能力が慢性的に障害される精神疾患で、ＡＳＤとは異なるものです。ところがカナーは、「統合失調症がもっとも早く発症したものが自閉症である」という見解を示しました。

しかしながら、これらの「自閉症は親の養育に原因がある」「統合失調症がもっとも早く発症したものが自閉症である」という2つの誤った見解は、それ以降長期にわたって信じられてきました。特に、「親の養育に原因があって自閉症が発症した」という主張は、１９９０年代ぐらいまで堂々となされてきました。

この主張の〝旗振り役〟は、人類学者のグレゴリー・ベイトソンでした。ベイトソンは、さまざまな精神疾患の原因を家族の病理にあると主張しました。これは当初統合失調症に対して展開されましたが、やがて統合失調症の早発型とみなされていた自閉症においても、同様の主張がなされています。

オーストリア生まれの精神分析家であるブルーノ・ベッテルハイムは、母親が子どもを冷たく突き放し拒絶したため「適切な愛情の絆」を作ることができず、そのことが原因で自閉症が発症するという説を主張しました。彼はこのような母親を「冷蔵庫マザー」と呼びましたが、精神分析理論を信奉する治療者はこれを積極的に受け入れ、患者の母親が治療者によって批判されることが繰り返されたのです。

現在、このような「親の育て方のせい」という主張は、医学界においては完全に否定されています。けれども長きにわたって〝正解〟とされてきてしまったために、一般には「養育原因説」をいまだに信じている人もいます。さらに、心理や教育の現場でも「養育原因説」を唱えている人が一部見受けられます。

これはなぜでしょうか？　それは、いわゆる「愛着障害」の特徴と、「発達障害」

の特徴が非常に似ていることが原因の1つとして挙げられます。幼児期、小児期における両親などからの虐待やネグレクトが愛着障害の原因です。

愛着障害は、国際的な診断基準である「DSM‐5」において「反応性アタッチメント障害」と「脱抑制型対人交流障害」に分類されています。

まず**「反応性アタッチメント障害」**は、「人に対して過剰に警戒する」「喜怒哀楽の感情を表に出すことがほとんどない」「無表情なことが多い」「他の子に興味を示さず、一緒に遊ぼうとしない」といった特徴が見られます。こちらはASDの特徴と近いものがあります。

対して**「脱抑制型対人交流障害」**は、「落ち着きがなく行動が大袈裟《おおげさ》」「暴力的な行動をとる」「コミュニケーション力や協調性に欠ける」といった特徴が見られます。こちらはADHD（注意欠如・多動症）の特徴と似ています。

実は、発達障害の中には養育の過程で周囲の愛情を十分に得られず、さらには虐待の被害者となり、愛着障害を伴っている人が一定数います。そのような複雑なケースの場合、その人に見られる特徴が「発達障害由来か、それとも愛着障害由来なの

反応性アタッチメント障害	脱抑制型対人交流障害
・人に対して過剰に警戒する ・喜怒哀楽の感情を表に出すことはほとんどない ・無表情なことが多い ・他の子に興味を示さず、一緒に遊ぼうとしない ➡ASD（自閉症スペクトラム障害）の特徴と近い	・落ち着きがなく行動が大袈裟 ・暴力的な行動をとる ・コミュニケーション力や協調性に欠ける ➡ADHD（注意欠如・多動性障害）の特徴と近い

2つの愛着障害

か？」の判断が難しいことがあります。そのため「親の育て方が悪い」という主張がいまだに少なからず残っているわけです。

発達障害のお子さんを愛情込めて育ててきた親御さんの中には、「親の育て方が悪い」というひと言を〝呪いの言葉〟のように感じているのではないでしょうか？　そのため「まったくそんなことはない。子どもさんの症状は、あなたのせいではありません」ということを、初めにお伝えさせていただきます。

このような前提に立って、発達障害の

当事者の言動の「理由」を理解していきましょう。

なお、人間の中枢神経系は非常に複雑な器官であるため、精神現象に関しては、「いったいどのようなことが脳内で起きているのか?」「なぜそのようなことが起きているのか?」という点に関しては、最新研究をもってしても未解明の部分が大半です。

国際的にも、発達障害の生物学的な要因に関する研究は道半ばで、研究が進展すればするほどわからないことが増えていく場合すらあります。そのため臨床の現場と研究の乖離《かいり》は、なかなか縮まっていないのが現状です。

それではここから、発達障害の人が世界をどう見ているのか、そして彼・彼女たちが抱える悩みがどのようなものであるかについて検討していくことにしましょう。当事者を周囲で支えるみなさんに対して、生活上でのヒントをお伝えできれば幸いです。

ここまでのまとめ

- 発達障害のことを「障害」ではなく、「特性」と捉えてみよう
- 周囲の理解を得ること、環境を整備することで、当事者が活躍できる世の中に
- 発達障害は、親の育て方が原因ではない
- 当事者の行動の理由については、未解明の部分が多い

第1章

発達障害の人の「頭の中」はどうなっているのか？

■５０００人の患者さんと接してきて言えること

▼「ADHD外来」と「アスペルガークリニック」における外来診療

私は東京大学医学部附属病院で臨床研修を行い、東京都立松沢病院、東大病院精神科、埼玉医科大学精神科などを経て、２００８年、昭和大学に精神医学教室准教授として赴任しました。２０１２年より同大学精神医学講座主任教授となり、２０１５年より同大学附属烏山病院病院長を兼任し、２０２４年からは同大学特任教授として勤務しています。

振り返ってみると、発達障害の診断・治療については、東大病院の小児部（当時）で経験したことがたいへん役に立っています。当時の小児部は太田昌孝《おおたまさたか》先生が主宰し、主に自閉症の小児の養育と診療を行っていましたが、かなり重症なケースにも対応していました。私にとっては、臨床研修として、また病棟医長として多くの発達障害の当事者を担当したことは貴重な体験でした。

昭和大学へ移ってからは、主として思春期から成人期の発達障害の診療を担当しています。2008年に、烏山病院に成人期の発達障害の専門外来が開設され、その後、発達障害を対象としたデイケアの専門プログラムも整備されました。

現在は、世田谷区にある烏山病院の「ADHD外来」と、品川区の昭和大学東病院の「アスペルガークリニック」で外来診療を担当しています。これまでに、外来、入院を合わせて約5000人の発達障害の当事者を担当してきました。

■発達障害の人は世界をどのように認知している？

▼発達障害の「認知障害」と認知症の「認知障害」

精神疾患においては、「認知障害」という言葉がよく使われますが、認知症における「認知」と、その他の精神疾患における「認知」とでは、意味合いが異なっています。

認知症における認知機能は「**知能を中心とした能力**」を指していて、その中には記憶力、記銘力（新しく体験したことを覚えて保持する能力）などが含まれています。

それに対して、他の精神疾患における認知機能は「知的能力」とは異なった機能を意味しています。「感じ方の違い、捉え方の違い、外界への接し方の違い」といったニュアンスです。統合失調症の場合、外界に対する捉え方に変化が生じ、過剰に過敏になったり、被害的に捉えたりする傾向が見られます。

ですから、認知症で「認知機能の障害が見られますね」という場合と、統合失調症で「認知機能の障害が見られますね」という場合では、同じ用語を使ってはいても、別物と考えた方が良いでしょう。

統合失調症における認知障害は、個人によってさまざまです。非常に不安が強くて、緊張感が強い状態の人は、周囲に対する「認知」が変化し猜疑心《さいぎしん》を持ったり、警戒心を持ったり、それが高じると被害妄想になることもあります。逆に、弛緩《しかん》が強い状態の人は、心ここにあらずという感じで、目の前に他人がいてもまるでいないかのように振る舞います。

▼目を見て話してくれないのは、人を風景として見ているから

以上の点を踏まえて、発達障害の認知機能について考えてみましょう。

子どもがこちらの目を見て話を聞いたり、話をしてくれないことを心配される親御さんも多いようです。そのため、五感や認知機能について気になっている方もいるのではないでしょうか？

一方でADHDの場合、認知症や統合失調症で認められるような認知障害は基本的には見られず、ほぼ健常者と同等です。

ASDの場合、「感じ方、捉え方、外界への接し方」という面での認知障害が見られることがあります。ただ、統合失調においては恐怖心や警戒心を持ったりし、他人や外界に過敏に反応するのに対して、ＡＳＤでは他人に対して興味が少なく無関心で反応しないことが特徴的です。

目の前に他人がいると、通常はその人の目を見て話すわけですが、ＡＳＤの場合は違います。その**他人を「1人の人間」というよりも「景色の中に溶け込んだオブジェの1つ」のような感覚で捉えているケースが多い**のです。

すべてのＡＳＤが、外界をこのように捉えているわけではありませんが、定型発達者とは認識の方法が違うという面を持っています。周囲にいる家族などが「目を合わせてもらえない」と悩む気持ちは理解できますが、当事者からすれば私たちは景色の1つなので、積極的に「目を合わせる」ことはしないのです。

ここまでのまとめ
・発達障害の「認知障害」は、認知症の「認知障害」とは異なる
・ＡＳＤの人は、人を「人間」としてではなく、「風景」として捉える傾向にある

■私たちが見ている世界とどう違うのか？

▼歴史上のあの人も「カメラアイ」の持ち主だった？

発達障害の人の一部は、カメラのように一瞬の出来事や情報を鮮明に記憶する能力である「カメラアイ」を持っている場合があります。この**「カメラアイ」の持ち主と推察されている歴史上の偉人の1人が、大村益次郎《おおむらますじろう》**です。

私は以前、テレビのある番組にゲストとして参加しましたが、その回のテーマは「天才をいかせる社会に」でした。そこで私は大村益次郎の名前を挙げました。

益次郎は幕末に長州藩で生まれ、シーボルトの弟子の梅田幽斎《うめだゆうさい》に師事し、やがて蘭学者の緒方洪庵《おがたこうあん》が主宰する適塾で頭角を現して塾頭となりました。郷里で医師になったものの患者さんは寄りつかず、その後、オランダ語の才能を買われて四国の宇和島藩（現在の愛媛県宇和島市周辺）に引き立てられ、西洋兵学や蘭学を修めて幕府講武所の教授方になりました。

さらに益次郎は、長州へ戻って高杉晋作《たかすぎしんさく》らとともに倒幕に身を投じ、戊辰戦争では総司令官として薩摩・長州連合軍を指揮しました。学者、医師、軍人、政治家とさまざまな顔を持ち、「維新の十傑《じっけつ》」の1人と称されている人物です。

さまざまな歴史資料から、**大村益次郎が「カメラアイ」を持つASDであった**可能性が指摘できそうです。益次郎は対人関係が苦手で、人付き合いはほとんどなく、郷里で医院を開いていたものの、患者さんはほとんどやってきませんでした。

一方で、記憶力は抜群でした。難しいオランダ語の辞書をすぐに1冊丸ごと覚えてしまったといいます。また、知識の吸収や技術の習得も素晴らしく、宇和島藩の求めに応じてオランダ語の軍事書を読みあさり、まったくの専門外ながら、西洋式の大砲や軍艦を建造したのです。

その噂を聞きつけた長州藩の桂小五郎《かつらこごろう》(後の木戸孝允《きどたかよし》)が大村を呼び戻し、長州軍の軍事司令官に就任させました。軍事司令官の職は未経験にもかかわらず、彼はオランダ語の兵法書を読みあさり、大活躍を見せます。ついには、維新軍の総司令官に推挙されて江戸まで攻め上り、明治維新を成し遂げました。益次郎の軍略がなければ、維新軍の勝利はなかったと言われています。

大村益次郎と同じような経歴を持つ人物として、フランスのシャルル・ド・ゴールが挙げられます。ド・ゴールは、第二次世界大戦中、ナチスの侵攻から母国フランスを救った将軍として崇拝され、1959年からは10年あまり大統領を務めています。パリには彼の名を冠した空港があるので、知っている人も多いでしょう。

ド・ゴールが「カメラアイ」の持ち主であったかは定かではありませんが、ASDの特性を持っていたと考えられています。記憶力が抜群で、計算が速く、冷静に戦術を組み立てていくあたりは、大村益次郎とド・ゴールは共通していました。両者とも、感情を交えずに兵士を駒のように扱い、それによって戦争での勝利を導いたと伝えられています。

ここまでのまとめ

- 大村益次郎はカメラアイを持っていた可能性がある
- シャルル・ド・ゴールはASDの特性があった
- 発達障害の特性がある過去の偉人には、戦術に長けた人がいる

▼発達障害の要因は医学的にどこまで明らかになっているのか？

これまで挙げてきた、**発達障害に見られる特徴的な現象のほとんどは、個人の脳の特性による**と考えられています。

では、現代の医学において、その要因はどこまで解明されているのでしょうか？

たとえば、「大村益次郎のように記憶力が抜群の人がＡＳＤに多いのはなぜか？」という問いに現代の医学が明確な回答を出せるかと言えば、答えは残念ながら「ＮＯ」です。「ここ数十年の科学的な研究で明らかな進展があったのか？」というと、それにも「ＮＯ」と言わざるを得ません。

たとえば、以前から「記憶には海馬が関係している」と言われています。海馬は大脳辺縁系に分類される、側頭葉内側にある脳の一部です。「日々の出来事や勉強して覚えたことは、いったんこの海馬へ送られ、海馬で整理されてから大脳皮質に保存される」と考えられています。けれども、「どのような方法で」、あるいは「どのような基準によって」記憶の仕分けや保持が行われているのかは明らかになっていません。

その理由の1つとして、**脳の仕組みが非常に複雑なこと**が挙げられます。心臓も器官としては複雑ではあるものの、どのような機能系によって構成されているかは明らかになっているため、たとえば不整脈が起きたときに「どこで障害が発生しているのか？」その治療のためにどのような薬を処方すればいいか？」について、かなり明確なエビデンスが存在しています。

ところが、脳はそうではありません。脳は多くの機能系から構成されていますが、相互に連結し、一部に障害があっても補完し合っています。**特定の部位が特定の機能と関連していると言い切ることができないため、「この部位で障害が発生しているから、このような症状が出ている」という説明ができません。**

脳は心臓の1000倍以上複雑なようにも感じられます。「群盲《ぐんもう》象を評す」というインドの寓話があります。目の見えない人たちが象を触って、尻尾をつかんだ人は「呼び鈴のヒモ」と言い、耳を触った人は「カーテン」と言い、牙を触った人は「武器」と言い、足を触った人は「柱」と言う……物事の一部だけを理解し、全体像を捉えられないたとえですが、非常に複雑な器官である脳の研究は、現状ではこれと同様の印象があります。

疾患の原因を解明するには、動物モデルを考案し、治療薬の開発のために動物実験を行うことが一般的です。この手法はＡＳＤなどの研究でも利用されていますが、明確な仮説が存在していないため、十分な成果は得られていません。

▼発達障害はどんな神経伝達物質と関係があるのか？

精神疾患において、脳内の神経伝達物質は重要な役割を演じていますが、明らかになっていない点が数多くあります。ここでは、発達障害について現段階で考えられていることについて、ご説明したいと思います。

ＡＤＨＤに関しては、「ドパミン系とノルアドレナリン系が機能低下している」と考えられています。ノルアドレナリンは、悩み、心配、不安、恐怖といった事象に大きく関係する脳内神経伝達物質です。このノルアドレナリン系と、快感や幸福感、意欲、運動調節などに関係するドパミン系の機能低下が見られるという仮説が提唱されています。

たとえば、ＡＤＨＤの治療薬の1つに、アトモキセチンという薬があります。これ

- **ドパミン**
  快感や幸福感、意欲、運動調節などに関係する。この低下がADHDに関わっているのではと考えられている
- **ノルアドレナリン**
  悩み、心配、不安、恐怖に関係する。この機能障害がADHDに関わっているのではと考えられている
- **オキシトシン**
  別名「愛情ホルモン」とも呼ばれる。対人関係を良くしたり、接触性を良くしたりする作用がある。ASDに関連があると言われている

発達障害に関係する脳内神経伝達物質

はもともと抗うつ薬として開発されたものですが、うつ病にはあまり効かなかったものの、ＡＤＨＤには効果があることがわかりました。

ただし、ノルアドレナリン系を増強する抗うつ薬はアトモキセチン以外にも存在しますが、それらの薬ではＡＤＨＤには効果が見られません。

つまり、「ＡＤＨＤの特性を改善するにはノルアドレナリン系を亢進《こうしん》させればいい」という単純なことではないのです。「なぜアトモキセチンに効果があり、それ以外の抗うつ薬には効果がないのか？」という点についても、現状では未

解明です。

ＡＳＤに関しては、ＡＤＨＤよりもさらに解明されていません。**「オキシトシン」との関連があると言われていますが、明確なエビデンスは存在していません。**

「オキシトシン」は別名「愛情ホルモン」とも呼ばれています。本来は乳汁などに関係するホルモンですが、対人関係を良くしたり、接触性を良くしたりする作用があります。「オキシトシンを投与したらＡＳＤの症状が改善するのではないか」という仮説のもとで、以前から臨床試験が行われてきましたが、（効果のあるケースも見られるものの）明確な有効性は得られていません。

ここまでのまとめ

- 発達障害が脳のどの部位の機能障害と関連しているのかは、いまだ解明されていない
- ＡＤＨＤには、ドパミン系とノルアドレナリン系が関連している可能性あり
- ＡＳＤにはオキシトシンが関連している可能性が指摘されている

▼ASDはどんな疾患と合併することが多い？

ＡＳＤの場合、他の疾患の発症率が定型発達者と比べて高いことがわかっています。例を３つご紹介しましょう。

１つめは「**結節性硬化症**」です。この疾患では、皮膚、神経系、腎、肺、骨などに、過誤腫《かごしゅ》と呼ばれる良性の腫瘍や、過誤組織と呼ばれる先天性の病変が生じます。てんかんや知的な遅れを伴うこともよくあります。

「結節性硬化症」の割合は、１万人から数万人に１人と言われ、診断されていない人を含めても６０００人に１人程度（０・０１６％）という報告があります。それに対してＡＳＤにおける合併率は２％ですから、かなり高い確率です。

２つめは「**脆弱《ぜいじゃく》Ｘ症候群**」です。Ｘ染色体にある「ＦＭＲ１」という遺伝子の異常が原因で発症し、知的障害や自閉傾向、運動面での障害、特徴的な顔貌などの症状に加えて、言語発達の障害やけいれんが見られる疾患です。男性の場合４０００人に１人（０・０２５％）、女性の場合８０００人に１人（０・０１２５％）の頻度とも言われていますが、ＡＳＤにおける合併率は２〜３％と高率です。

3つめは「レット症候群」です。これは生後6ヵ月から1歳半までの主に女子に見られる、脳の発達に必要な遺伝子の変異によって発症する疾患です。発症の頻度は20歳以下の女性の0・008%と推定されていますが、ASDにおける合併は高率です。その他、「小児崩壊性障害」と呼ばれる、3〜4歳時に急速に知的能力、社会的能力が低下する疾患も、ASDの特性を持っています。

▼「ADHDは前頭葉の機能障害あり」は誤り!?

ADHDに関しては、最近まで「前頭葉の機能障害（遂行機能の障害）が基本的な障害である」という仮説が立てられ、研究が進められてきました。この仮説を否定するデータは多数提出されていますが、わかりやすい図式であるため、いまだに「正しいモデル」と考えている研究者が存在しています。

しかしながら、成人でIQが正常以上のケースで検討を行うと、前頭葉機能に障害が見られることはほとんどありません。どうしてこういうことになったかというと、前頭葉の機能障害を確認した研究においては、対象者は多くが小児のADHDで、また知的障害を伴ったケースが多かったからです。知的障害の多くは前頭葉の障害を示すため、誤った結論が得られたのでした。

さらに、この仮説と関連するADHDの病態モデルとして、「Triple pathway model」(日本では「三重経路モデル」)と呼ばれるものが提唱されています。「ADHDには抑制機能障害、時間処理障害、報酬遅延障害の3つの障害があり、それぞれが重なり合っている」とするものです。アメリカの発達心理学者、エドモンド・ソヌガ・バークらが2010年に発表しました。

この仮説が疑わしいのは、

- **「前頭葉機能障害」が前提で仮説が立てられている**

という点に加えて、

- **根拠となる研究は、主にIQが低い(80〜85程度)小児の被験者を用いている**

という点です。

つまり、被験者に大きな偏りがあったのです。また、ADHDには明らかに異種性があり、一様に扱うこと自体、問題があるでしょう。**発達障害の病態の解明には、こうしたこれまでの仮説を離れて、「脳の神経伝達物質の機能障害」を前提として、研究を進めていくことが必要**です。

神経伝達物質は脳全体に影響を及ぼしているのですから、脳の一部ではなく脳全体を検討する必要があります。この仮説のもとで研究を進めていくことが、発達障害を解明する上で重要であると考えられます。

ここまでのまとめ

- ＡＳＤは、他の疾患の発症率が定型発達者と比べて高い
- 発達障害の要因は「脳の神経伝達物質の障害」から出発する必要がある

▼双子の発達障害では個人差はあるのか

私自身はこれまで、発達障害の特性を持つ一卵性双生児を何組か担当した経験があります。「発達障害と遺伝の関連」を明らかにするために、これまでに海外では一卵

性双生児の発達障害に関する研究論文がいくつか発表されています。

その結果、「一卵性双生児のうち1人が発達障害である場合、100%に近い確率でもう1人も発達障害である」という結果も、「一卵性双生児のうち1人が発達障害であっても、もう1人が発達障害である確率は低い」という報告も、どちらも存在しています。

ただ、複数の研究結果を総合的に検討すると、**「一卵性双生児のうち1人が発達障害である場合、かなり高い確率でもう1人も発達障害である」**と言えると考えられます。

『カプラン臨床精神医学テキスト 第3版 DSM-5診断基準の臨床への展開』(メディカル・サイエンス・インターナショナル、2016年)という精神医学の代表的な教科書では、以下のように述べられています。

2つの大規模な双生児研究がある。ある研究では、自閉性障害の一致率は一卵性双生児で36%であり、二卵性双生児では0%であった。別の研究での一致率は、一卵性双生児では96%で、二卵性双生児では約27%であった。周産期の合併症をもつ一卵性双生児で自閉的でない児の場合にも認知機能障害の率が高いことは、周産期の環境因子と遺伝的な脆弱性との相互作用が、別個に自閉スペクトラム症の発症に関与することを示唆する。

二卵性双生児は遺伝的には歳の離れた兄弟姉妹と同じですから、一卵性双生児の一致率が高率であることは当然でしょう。

▼ASDの子の頭は大きい？

また、「ASDの子どもの脳体積は定型発達の子どもと比べて大きい」ということも過去の研究で明らかになっています。出産時は定型発達者と大差がないものの、2〜4、5歳の期間に増大し、その後、増大の速度は鈍化します。一方で定型発達者の増大速度は増し、しだいに差は縮まり、成人の頃には体積の差がなくなります。

では、なぜこのような傾向が見られるのでしょうか？

原因として、アポトーシス（細胞自身が個体をより良い状態に保つために積極的に行う細胞の自死）、シナプス（神経細胞同士が連絡する接点）の減少速度、神経成長因子（神経細胞に細胞の外から働く液性の物質）の異常など、さまざまな推測がなされていますが、確実な根拠は明らかになっていません。

なお、ＡＳＤと性別との関連について言えば、ＡＳＤは男性に多く、中でも自閉症は男性に高率です。また、ＡＳＤの中には「性同一性障害（性別違和）」の比率が高いことも明らかにされています。

ここまでのまとめ

- 一卵性双生児の場合、発達障害の診断が一致することが多い
- ＡＳＤでは、幼児期において一時的に脳体積が大きくなる
- ＡＳＤは男性に高率で、性同一性障害の人が多い

■発達障害の人に見られる特徴的な感覚現象とは？

ここからは、彼・彼女たちに見られる特徴的な感覚現象について、いくつかご紹介していきます。

▼洋服のタグが過度に気になってしまうのはなぜ？

1つめは、ＡＳＤに多く見られる「感覚過敏」です。これは、ＡＤＨＤや一般の人に認められるケースもあります。

「感覚過敏」とは、聴覚、視覚、触覚、嗅覚などの感覚が過剰に敏感な症状のことです。さまざまな感覚器官が収集した情報は脳へインプットされますが、そのインプットの際、脳が情報を過大評価して起こる症状と言われています。

たとえば、**「下着の内側についているタグが気になってしかたない」**というのは、触覚過敏の典型例です。非常に過敏なお子さんの場合、タグが皮膚に少しでも触れると泣きわめくこともあります。

「感覚過敏」とは対照的な**「感覚鈍麻《どんま》」**と呼ばれる症状も、ＡＳＤに見られることがあります。こちらは「感覚過敏」とは逆に、インプットされた情報を脳が過小解釈して起こる症状で、「**真冬でも薄着で過ごせる**」という人の場合、温度感覚の鈍麻の可能性も考えられます。

ここで注釈を加えておきます。感覚過敏や感覚鈍麻を始め、発達障害の具体的ケースについて触れる際、医学用語として「症状」や「障害」という言葉を使いますが、これは個人の特性によるものでもあるため、「特性」や「個性」といった言葉で表現するのが適切な場合も見られます。

▼騒音や掃除機の音、大人数での会話が苦手なのはなぜ？

2つめは、ＡＤＨＤに見られる「聴覚情報処理障害」と呼ばれることもある特性です。「Auditory Processing Disorder」の頭文字を取って「ＡＰＤ」とも呼ばれます。聴覚検査で異常は見られず、音としては聞こえているにもかかわらず、言葉として認識ができなかったり、言葉の内容を簡単に理解できなかったりする状態を指しています。

この特性は、以前から「選択的注意の障害」と呼ばれていた現象と同一のもので

す。これは、ＡＤＨＤや他の精神疾患においては、複数の刺激が同時に存在する状態において、目的の刺激を選別することに困難さを示す現象を意味しています。

つまり、「**少しでも雑音があると、そちらが気になって聞くべきことが耳に入ってこない**」「**掃除機の音や非常ベルなどの音が気になりすぎる**」などの症状として現れます。「無関連の刺激によって攪乱《かくらん》されやすい」と表現されることもあります。

雑音の聞こえる状態の他にも、「複数の人が同時にしゃべっている状態」「マスクをしている相手との会話や音声だけの通話などで、相手の口元が見えない状態」などがＡＤＨＤにとって不得意の状況で、「注意のシフト」が苦手な特性と関連しています。

ここまでのまとめ

- 感覚過敏、聴覚情報処理障害などの特徴的な感覚現象が見られることがある
- 皮膚感覚が過敏の場合、着心地のよい洋服を用意したり、タグを切った状態で肌着を着用したりすることが有用
- たくさんの音の中から必要な音声情報を聞き取ることが苦手な人もいる
- 雑音なく集中できる環境を整えると良い
- 大勢の会議などでは、誰が話者なのかがわかるような工夫が望ましい
- 可能なら、マスクを外して口元や表情が見える状態でコミュニケーションを図る
- 音声だけでなく、文字化した情報も用意し、当事者をサポートする

▼仕事や勉強に集中しにくいのはなぜ？

次に3つめの現象です。これは感覚的な特徴というよりも思考のパターンによるものですが、ＡＤＨＤによく見られる「マインドワンダリング」という特性です。

「マインドワンダリング」とは、なんらかの課題を遂行している中で、過去や未来に思いを巡らしたり、まったく別のことに急に関心が向いてしまったりしている状態を指しています。「心の迷走、精神の徘徊《はいかい》」などと表現されることもあります。対義語は「今ここ」に集中できている状態を指す「マインドフルネス」です。

「マインドワンダリング」の特性がある人の場合、「チーム全員で1つの課題解決に向かっているときに1人だけ別のことに気が行ってしまい、求められている作業をしなくなってしまう」といったことが起こります。

けれども、「マインドワンダリング」は必ずしも、マイナスの面だけではありません。たとえば、「新規事業の立ち上げや新商品の開発のような今までに無かった新しいアイデアを考える」、あるいは「アーティストとして音楽や絵画などの創作活動を行う」といった場合、「マインドワンダリング」という思考パターンがプラスに働くからです。マインドワンダリングと「創造性」は関連性が深いことが知られています。

▼一部の人には、文字に色がついて見えたりするのはなぜ？

4つめは、「共感覚」を持つ人の頻度が高い点です。定型発達者と比べると、ASDやADHDに割合が高いことがわかっています。

「共感覚」とは、ある情報を脳の中で処理するときに、その情報が一般的な過程に加え、それとは無関係と考えられる種類の感覚や認知処理まで引き起こされることを指しています。「文字や数字に色がついて見える（色字）」「音に色を感じる（色聴）」などの他、「においと形が紐付いている」「痛みから色を想起する」「色を見ると音を感じる」など、さまざまなケースが見られます。

共感覚の情報処理のしかたは自分自身でコントロールできるわけではなく、生来的なもので、その人の「特性」と呼べるものです。

▼昔のことや、一瞬しか見ていない光景でも事細かに覚えているのはなぜ？

5つめは、「カメラアイ」を持つ人がASDに多いことです。ADHDにも見られますが、割合を比べるとASDに圧倒的に多いことが知られています。

「カメラアイ」は、「画像記憶」「映像記憶」などさまざまな別名がありますが、まさにカメラのように一瞬の出来事や情報を鮮明に記憶する能力のことです。膨大な情報を瞬時に細部まで記憶し、さらに忘れず記憶を保持できるものです。たとえば、「ある風景写真を一瞬見ただけでキャンバスに向かい、その風景を細部まで再現することができる」という人は、「カメラアイ」の特性を活かしています。

その他、「本のページをめくるだけ、映画を1度見るだけで、その情報が一瞬で記憶できる」というメリットもある一方、「カメラアイ」は時としてデメリットにもなります。**過去にいじめなどのつらい経験をした場合、その光景が鮮明に記憶されてしまい、忘れることができない**からです。

これと類似した特性として、一定の長さのあるシーンを動画として記憶可能なケースも存在しています。

ここまでのまとめ

- ADHDにおいては、一見ぼうっとしていても、めまぐるしくマインドワンダリングをしていることがある
- マインドワンダリングの特性は、新規の企画を立ち上げる際などに有用である
- 共感覚は、発達障害の人に頻度が高い
- カメラアイで一瞬にして光景を記録できる人もいる
- 忘れたい体験でも、その鮮明な記憶を繰り返し思い起こす体験をしているケースがある

第2章

周囲の人が困っている
発達障害の「不可解な行動」

■職場・学校・家庭などでよく目にする「不可解な行動」

▼代表的な15の行動とは？

発達障害の人の周囲にいる人たちが、職場・学校・家庭などでよく目にする「不可解な行動」としては、次のようなことが挙げられます。

この章では、①〜⑮の「不可解な行動」の「理由（＝なぜそのような行動をとるのか？）」と「対処法（＝周囲の人たちはどのように対処すれば良いのか？）」について、私がこれまでに担当してきた人の事例も交えながら解説していきます。

ただし、その前に、①〜⑮の多くに共通する対処法が3つあるので、先に挙げておきます。

▼15の「不可解な行動」のすべて、あるいは多くに共通する対処法

発達障害の人が自分自身、特性をうまくコントロールするために効果的な方法が、次の**1**〜**3**です。これらは、特性を問わず重要です。発達障害の人の周囲にいる人た

①遅刻が多い（ADHD）
②ストレートな物言いをする／うまく言語化できない（ASD／ADHD）
③しゃべり続ける（ASD）
④社会常識に欠ける（ASD）
⑤整理整頓が苦手（ADHD）
⑥ケアレスミスが多い（ASD／ADHD）
⑦指示されたことを忘れてしまう／忘れ物が多い（ADHD）
⑧締め切りを守れない（ASD／ADHD）
⑨マルチタスクができない（ASD／ADHD）
⑩際限なくお金を使ってしまう（ADHD）
⑪極端な行動に走る（ASD）
⑫過剰集中してしまう（ADHD）
⑬複数人での会話が苦手（ADHD）
⑭臨機応変に対応できない（ASD）
⑮人との距離が近すぎる（ASD）

よく見かける発達障害の「不可解な行動」

ちは、当事者が以下の行動をとれるようサポートしてあげてください。

1 よく睡眠をとる
↓周囲の人たちは「よく寝られる環境作りを手伝う」

まず何よりも大切なのは、よく睡眠をとることです。「そんな当たり前のことを」と思う方もいらっしゃるかもしれませんが、**睡眠不足がもっとも生活や仕事に悪い影響を与えます。**朝起きられなくなれば**遅刻**につながりますし、日中のパフォーマンスも落ち、**ミス**や**忘れ物**を助長します。注意力が散漫になれば**締め切**

りを守ることや、「同時並行処理（マルチタスク）」がさらに難しくなるでしょう。疲れが取れない生活を送っていたら、**整理整頓**をする余裕など持てません。

逆に、しっかり睡眠をとる生活を送っていれば、余裕を持って課題をこなすことが可能となり、無理に**過剰集中**するリスクを下げられます。また、服薬をした際の**薬の効果**も出やすくなります。

ですから、まずは十分な質のよい睡眠をとることが重要です。夜更かしをして、その後だらだら長時間眠ったとしても、熟眠は得られません。ＡＳＤの人もＡＤＨＤの人も生活のリズムが不規則で、夜更かしを当たり前のようにしているケースは珍しくないのです。

また、睡眠時間は十分にとっている場合でも、夜型の生活は避けましょう。深夜に就寝した場合、眠りが浅眠でだらだらしたものとなり、心身とも休まらないことが多いからです。飲酒も眠りを浅くすることがあるので、要注意です。

夜勤が中心など、睡眠時間を十分確保できない仕事に就いているのであれば、可能なら仕事を変えることを検討する必要もあります。夜間の仕事、シフト制の仕事は、体調も精神状態も悪化するきっかけになりやすいので、避けることが望ましいでしょう。

寝つきが悪い場合は、睡眠導入剤を使用する選択肢もあります。体力を持て余して眠れないのであれば、運動の習慣をつけることも重要です。生活のリズムが乱れやすい場合、朝に太陽を浴びたり、食事の時間や入浴時間を決めて規則正しくするようにしましょう。これらはどんな人にも当てはまる「対処法」ですが、発達障害の人には特に有効です。

こういった行動を当事者がとりやすいよう、周囲の人たちはサポートする必要があります。

2 きちんと服薬する

↓周囲の人たちは「服薬習慣の定着を手伝う」

これは主に、ＡＤＨＤに該当する対処法です。現在、成人に対するＡＤＨＤの治療薬として、「コンサータ（メチルフェニデート徐放錠）」「ストラテラ（アトモキセチン）」「インチュニブ（グアンファシン徐放錠）」の3種類が認可されています。18歳以下には、これらに加えて「ビバンセ（リスデキサンフェタミンメシル酸塩）」も処方可能です。このような治療薬の効果が認められない人もいますが、多くのADHDにおいては、いずれかの治療薬の使用により症状が改善し、生活や仕事におけるパフォーマンスを改善することが可能となっています。

もっとも、投薬に対して否定的な考えの人もいると思います。そういった場合、私は強く薬物療法をすすめることはしていません。ただ「クスリが何となくいや」といったような訴えが見られる場合には、投薬のメリットとデメリットを説明し、ご自身、あるいは未成年の場合は保護者に判断をしてもらっています。

ASDに対しては、基本的な症状に有効な薬物が現時点では存在していません。しかしながら、ASDは不眠症やうつ病など他の精神疾患が併存する頻度が高いため、およそ半数の人が投薬を受けています。こうした場合も、服薬の習慣を確立することは重要です。

昼間の眠気が強いADHDの人は、「コンサータ」や「ビバンセ」といった精神刺激薬というタイプの薬物を飲むことで生活が改善することがあります。これらは脳内の神経伝達物質であるドパミンやノルアドレナリンの働きを活性化させる効果があり、眠気がとれる作用があります。

以前、コンサータと同じ成分のリタリンは「ナルコレプシー」（過眠症の一種で「居眠り病」とも呼ばれる。日中に耐え難い眠気に繰り返し襲われる）などの治療薬として使われてきましたが、その後ADHDにも有効であることがわかり、現在では第一選択薬（ある疾患に対し、最初に投与される治療薬で、副作用が少なく有効性が高い薬剤が選択されることが多い）の1つとして使用されています。このタイプの薬物は日本では2種類のみ認可されていますが、海外では多くの種類が使用可能です。

注意が必要なのは、ADHDの薬は「飲むことで症状が改善し、いずれ症状がなくなる」というものではない点です。あくまで「服用によって症状を一定期間改善する効果が期待できる」というものです。

コンサータは服用してから、約12時間効果が持続します。ビバンセもほぼ同様です。ストラテラとインチュニブは継続して服用すれば、中断した場合でも、数週間程度効果が続くことはありますが、やがて有効性は失われます。

つまり、遅かれ早かれ、「飲み忘れてしまったら」効果は見られなくなるのです。外来を受診しているADHDの方の中にも、「この前うっかり薬を飲み忘れてしまい、日中眠くてどうしようもなかった」と話す人がいます。飲み忘れによる問題は、コンサータ、ビバンセで顕著ですが、重要なのは**「飲み忘れない仕組み」**を作ることです。「飲み忘れがないよう、明日の朝飲むべき薬を枕元に置いておく」などの工夫で、飲み忘れを防ぐことが重要です。

また、**「薬を切らさない仕組み」**も重要です。受診期間が不規則になると、薬を切らしたまま過ごさなくてはならなくなります。受診者の中には「1週間薬なしで過ごしたら、それまで整っていた生活リズムが一気にぐちゃぐちゃになってしまいました」と言う人もいます。自分なりのルールを作って、薬を切らさないように注意しましょう。

3 特性を自覚し周囲のアドバイスを受け入れる

→周囲の人たちは「特性を自覚し、周囲のアドバイスを受け入れるよう促す」

人は誰でも自分自身の行動習慣をなかなか変えようとはしません。「このような行動をしたらマズい」とはっきりと自覚しない限り、あるいは自覚のある場合でも、自分なりの生活のルールやルーチンを簡単には変えられません。

発達障害、特にASDの人の場合、「自分の考えを曲げたがらない」「相手の意見を受け入れたがらない」という傾向が強く見られます。これは単に頑固というだけではなく、彼らの特性である「特定の事柄への強いこだわり」の表れでもあります。

ASDの人は自分なりのマイルールを持っていることが多く、そのルールは生活のさまざまな面に及んでいることもあります。彼らは自分なりのルールにこだわるため、それを変える必要のある周囲からのアドバイスに強く抵抗することが見られるのです。また、ADHDにおいても、同様のことはしばしば見られます。

彼・彼女たちが「自分の行動パターンを変えなければならない」と自覚するきっかけは、「理屈」よりも「状況」であることが多いです。それもかなり、クリティカルな状況が必要です。

昭和大学附属烏山病院のデイケアでは、「ASDプログラム」（土曜クラブ）という集団治療のパッケージを行っていますが、その中では実生活でASDの人たちがよく困るシチュエーションを設定し、そのシチュエーションの中で「どうすると良いか？」「どうするとマズいか？」といったことを学んでいきます。たとえば、「職場で宴会に誘われたとき、どのように断るのが適切か」といったテーマを設定し、考えてもらうようにしています。

ただし、なかなかこのような「疑似場面」だけでは、実際の社会生活には反映されないことも少なくありません。本人の考えが変わるのは現実の社会生活の中で「大失敗してしまった」というある種の〝危機〟を経験した直後が、大きいチャンスでしょう。

支援者や周囲の人たちは、〝大事故〟にならないようにサポートや見守りをしつつ、発達障害の人に〝危機〟を乗り越えていく経験をさせ、本人の自覚が芽生えたところで、生活習慣の変更などについて、効果的なアドバイスをしていくことが重要です。

ここまでのまとめ

・良質な睡眠をとることは基本であり、落ち着いて寝られる環境を整備しよう
・薬は医師の指導のもと、決められたタイミングできちんと飲む習慣をつけよう
・自分の特性を理解し、周囲のアドバイスを受け入れる姿勢を持つことも大切

■「不可解な行動」には理由がある
——それぞれの対処法とともに、専門家が教えます！

①遅刻が多い（ADHD）

ADHDの人は、思春期頃から遅刻が増えてきます。ある高校に通っていたADHDの男性は「高校時代は1年の半分くらい遅刻して登校していた」と言っていました。彼の通っていた高校は自由な校風で、遅刻に対しても寛容だったため、問題視されなかったようですが、多くの場合かなりのペナルティが科せられます。

「不可解な行動」の理由

遅刻をしてしまう理由として、大きく２つのものが挙げられます。

１つめは、**生活リズムの乱れ**です。学生でも社会人でも、家に帰ってきてから自分の好きなことに熱中してしまい、夜更かしをしてしまう人が多く、睡眠不足になり翌朝起きられないのです。

２つめは、**「つい余計なことをする」特性**です。１つめの理由とも関連してきますが、ＡＤＨＤの人は目についたもの、思い浮かんだことを、すぐに行動に移してしまいたくなる特性があります。「明日は朝早く家を出なきゃ」と頭ではわかっていても、「スマホゲームをやりたい」「気になったことを検索したい」と思ってしまうと、その衝動を抑えられなくなってしまう。その結果が夜更かしにつながることも多いのです。また朝十分に余裕を持って起きている場合でも、つい目についた余計なことをしてしまい、時間に間に合わないというケースもよくあります。

では、なぜ遅刻が思春期から増えていくのでしょうか？

中学の後半から高校にかけては、身体的に大きく成長し、さまざまな変化が見られる時期です。また、**学校の授業、部活動、友人関係、受験勉強など忙しい時期で、十分な睡眠が必要**となります。この時期に夜更かしをして睡眠時間を削ると、なかなか朝起きられないのは当然でしょう。

一方で、ＡＤＨＤの人に多いのですが、思春期に「**過眠症**」、あるいはそれに近い症状が見られる人もいます。「過眠症」とは、夜に十分な睡眠を確保したにもかかわらず、日中に起きていられない強い眠気が続く疾患で、「ナルコレプシー」（P61で前述）「特発性過眠症」「反復性過眠症」などが挙げられます。このような診断には至らなくても、十分寝ているにもかかわらず、いつも眠くてしかたがない状態にあるケースは珍しくありません。

「不可解な行動」の対処法

発達障害、特にＡＤＨＤの人は、時間の見通しが甘いことが多く、朝起きてから慌てて用意を始めることも珍しくありません。特にルーチンで通学、通勤などをしている以外の約束や予約については、予定そのものを忘れることも起こりがちであることに加えて、事前の準備が不十分で大幅に遅れることも見られます。

ギリギリでいつも慌てていることから抜け出すためには、**前日に目的地までの所要時間を見積もる、スマホなどで地図を確認する、到着予定は15〜30分前に設定する**、などの対策をとることが有用です。これに加えて、以下のような対策が考えられます。

・ＡＤＨＤ治療薬を飲む

前項の「15の『不可解な行動』のすべて、あるいは多くに共通する対処法」（Ｐ56

参照）で解説しましたが、ADHDの症状を改善するにはADHD治療薬の服薬が効果的です。たとえば、昼間の眠気が強い場合、**「コンサータ」や「ビバンセ」を服用すること**で症状が改善する人は珍しくありません。朝服用すると、その日の夕方か夜まで、眠気を抑え、集中力を高めることができます。ただし、「よく睡眠をとる」の箇所で前述（P57参照）しましたが、十分な睡眠をとっていない状態では、治療薬の効果は限定されます。

「まずは、よい睡眠と規則正しい生活。それがあっての治療薬」と認識してください。

•入院生活で生活習慣を改善する

規則正しい生活をスタートさせるきっかけとして、「規則正しい生活をせざるを得ない環境に一定期間身を置く」という方法をとることもあります。

私が診療している人の中に、ADHDを持つ医学生がいました。彼は大学2年生の頃、生活が完全に昼夜逆転となり大学に行けなくなってしまい、留年すれすれのところまで来てしまいました。外来でADHD治療薬を処方していたのですが効果が不十分で、「入院プログラムを活用してみてはどうか?」と提案しました。彼はそれを素直に受け入れ、2週間あまり昭和大学附属烏山病院で入院生活を送りました。

入院生活では、開放的な病室でリラックスして過ごしてもらいました。入院の目的は「治療」というよりも「生活習慣の改善」にありました。幸い入院によって規則正しい生活ができるようになり、退院後の生活は安定したものに変わりました。睡眠薬なども使用しましたが、学校生活には適応していきました。大学のカリキュラムを順調にこなして国家試験に合格し、臨床研修でも優秀な成績を修め、現在では医師として活躍しています。服薬の量も減ってきています。

・毎朝モーニングコールをする

「朝起きられない」という悩みを解決する上では、「**人の助けを借りる**」という仕組み作りも有効です。たとえば、大学や会社に入り、一人暮らしをしているお子さんが朝なかなか起きられない、会社に遅刻もしている。親御さんからすれば「いいかげん

1人で起きてほしい」と思うでしょうが、それでも「毎朝モーニングコールをする」という方法は一定の効果を期待できるでしょう。中には、親御さんも上京して、しばらく子どもと一緒に生活しているケースもありました。

・アラームが鳴ったら準備開始というルールを決める

また、「朝は普通に起きられるが、家を出るのが遅れる」という理由で遅刻してしまうという人もいます。これは、目についたもの、思い浮かんだことを、すぐに行動に移してしまいたくなる特性によって、つい余計なことをしてしまうためです。

この余計な行動を防ぐには、目覚ましの機能以外に、「スマホのアラームをかけること」がおすすめです。「何か他のことをしていてもアラームが鳴ったら必ず準備を始める」というルールを体に染みこませてしまいましょう。

②ストレートな物言いをする／うまく言語化できない（ASD／ADHD）

ストレートな物言いは、ADHDにもASDにも見られる特性です。感覚的な表現ではありますが、「ADHDは衝動的に言ってしまう」「ASDは途切れなく言ってしまう」という印象があります。

私の担当しているADHDの人の中に、経営コンサルタントの男性がいます。転職して間もないある日、直属の上司と、さらにその上の上司とともに顧客にプレゼンテーションをしたそうです。その際、直属の上司が誤った情報を口にしてしまいました。すると、その男性は間髪を容《い》れずに、「違いますよ！　今のは間違っていますよ！」と大きな声で指摘してしまったそうです。転職して日が浅く、直属の上司との人間関係ができていたわけではありません。また、その場には、顧客も、上司の上司も同席しています。そのような場での指摘であったため、プレゼン後から直属の上司は非常に冷たい態度をとるようになり、以後、その男性への評価も低くなってしまいました。この男性が間違った行動をとったとは言い切れないですが、上司が不快に感じたのは当然でしょう。

この男性の場合、あまり反省は見られませんでした。「自分が悪かった」という思いよりも「不当な評価だ」という思いが強いのです。客観的に考えれば、彼の行動にとがめるべき点があるとは言えないものの、客観的には上司に恥をかかせるような言動は控えるべきだったと考えられます。

また、うまく言語化できないという特性も、ＡＤＨＤ、ＡＳＤともによく見られます。たとえば、打ち合わせの席で「あなたはどう思いますか？」と質問されても、適切に考えをまとめられず黙り込んでしまったり、あるいは質問とズレた回答を延々と続けて何を言いたいのか自分でもわからなくなったり……ということが起こります。

ADHDの人の場合は、話のテーマがそれていくことがしばしば見られます。一方ASDにおいては、言葉に詰まって黙り込んでしまうことが多いようです。「ストレートな物言いをしてしまう」ことと一見異なるもののように思えますが、「その場に適したコミュニケーションができない」という意味では共通していると言えるでしょう。

「不可解な行動」の理由

衝動性の特性を持つADHDの人の場合、感じたことや思ったことをすぐ口にしてしまう人は珍しくありません。「衝動性」は「不注意（物事に集中することができず、忘れ物や物をなくすことが多い）」「多動（落ち着きがなく、じっとしていることが苦手）」と並ぶ、ADHDの3つの主な症状の1つです。本人に悪気はないのですが、その何気ないひと言によって、相手を傷つけてしまったり、大きなトラブルを引き起こしてしまったりします。一瞬で場の空気が凍り付くことも起こり得るのです。

ASDの人の場合、表情や雰囲気から相手の気持ちを汲み取るのが不得手で、コミュニケーション自体を苦手にしている人が多いです。そのため、適切な加減がわからずに、「このへんでやめておいた方がいいかな」というブレーキがきかず、相手が不快になっても話し続けてしまうこともあります。そもそも、相手の不快さをよく認識できないためです。

また、発達障害の特性がある人たちの多くは、マルチタスクが苦手です。「相手の意見を聞きながら、その場で自分の意見をまとめ、整理して話す」というのは、かなり高度なマルチタスクであるため、適切に処理できないことも多いのです。

「不可解な行動」の対処法

・「頭の中でのリハーサル」をすすめる

まずはストレートな物言いについてです。「思ったことをすぐに言ってしまう」というADHDの場合、周囲の人は「頭の中でのリハーサル」を行うと良いでしょう。思ったことをすぐ口にする前に、一拍置いて「もしも自分がそれを言ったら相手はどう感じるか?」を想像してみるクセをつけるのです。少なくとも相手の話にかぶせて話す癖は抑えることが必要です。

さきほど挙げた「直属の上司のミスをその場で指摘したコンサルタントの男性」について考えてみましょう。たとえば、その場で指摘するのではなく、プレゼンの後、直属の上司と二人きりの状態で「あのようにおっしゃっていましたが、実はこうではないでしょうか」などと告げてみたらどうだったのでしょうか？　少なくとも、大勢の前で上司に恥をかかせることにはならなかったでしょう。

ＡＳＤの「どこまでも言ってしまう」の対処法については、次で詳しく解説します。

・「事前の整理」をすすめる

うまく言語化できないという特性に対して、周囲ができることはあるでしょうか？

それは「性急に意見を求めるのではなく、時間のあるときに意見を整理しておいてもらう」というアプローチです。また、「考えていると頭がぐちゃぐちゃになり、整理できない」というのであれば、**紙に書き出すことや、パソコンで箇条書きにしてみることをすすめてみましょう。**

また、会議や打ち合わせに関して、「その場の空気に緊張してしまい、頭が真っ白になる」という人もいます。こういったケースでは、「顔出しをせずにオンライン参加し、チャットツールで意見を出してもらう」などの配慮をするのも良い方法です。周囲の人たちは「会議や打ち合わせに参加すること」を目的とするのではなく、「良い意見を出してもらうこと」を目的とした方がお互いにとって良い結果が得られるでしょう。

③しゃべり続ける(ASD)

これはASDの人によく見られる特性です。定型発達の人に「この1週間どうでしたか?」と聞くと、「今週は調子が良かったです」あるいは「ちょっと体調が悪かったです」といったように一問一答のコミュニケーションをすると思いますが、ASDの人たちは質問に対して、ほとんど無言のこともあれば、延々と話を続けることもあります。

「この1週間どうでしたか?」と聞くと、「ダンスの集まりに行って、そこで○○さ

んと××さんに会って、〇〇さんがこう言って、××さんがこうやって、その後みんなで……」といった具合です。文脈を無視して、「この1週間」に紐付く記憶を順々にしゃべっていく感じでしょうか。

実地の診療ではできるだけその人の話を聞くこともあれば、長年にわたり担当しているケースでは必要なテーマに話題を変えることもあります。

社会生活においては、会社であっても、学校であっても、じっくりと話を聞く余裕はないのが普通でしょう。「あなたが話したい気持ちはわかる。でも、こっちも忙しいから最後まで聞いている時間はない」というのが周囲の本音だと思います。

「不可解な行動」の理由

ＡＳＤの人が延々としゃべり続けるのは、こだわりが強く、マイルールを徹底したいという特性と関わりが強いと思います。彼らは話の中で自分の関心にフィットした内容や言葉があると、それに関する内容を延々と語りだすことがあります。あるＡＳＤの患者さんは、いわゆるアイドルおたくの人でしたが、外来でたまたまアイドル歌手の話題がでた際、彼の信奉する80年代のアイドルのことを止めどもなく話し続けたことを記憶しています。

彼らは、表情や雰囲気から相手の感情を汲み取るのも上手ではありません。さらに、言葉の裏側を読み取るのも苦手です。たとえば、「そろそろ昼休みも終わりだね」「今日は忙しい一日だね」といった感じで「聞いている暇がない」ということを婉曲に表現しても、その意図は伝わらないと思ってください。つまり、その場で求められていることを理解していないだけでなく、相手の「NO」のサインも見逃しがちなのです。

「不可解な行動」の対処法

・婉曲表現を使わず、はっきりと伝える

この点への対処はなかなか難しいですが、ASDが言葉を額面どおりに受け取るという特性を周囲の人たちが「利用」するのが良いでしょう。たとえば、婉曲表現は使わず、具体的に伝える。相手の話が続いている場合には、「今は仕事で手が離せないので、あなたの話が聞けない。ごめんね」といったように、「話を聞けないという意思」をはっきり伝えることが重要です。

「大きな声で伝える」「嫌がっている表情をする」などは、効果がありません。**伝えたいことを明確にしっかりと言葉で伝える**ことが肝要です。

④社会常識に欠ける（ASD）

この点は、ASDの人によく見られる特性です。学校や職場など新しい環境に所属する場合、定型発達者の大半は、周囲の人を見ながら悪目立ちしないような行動をとっていくと思います。

ところが、ASDの人には「周りに合わせる」という感覚がありません。通常は、周囲の人の様子を手本にしながら、自分の行動を変えていけないことがほとんどですが、彼・彼女たちは「みんなが右を向いているときに1人だけ左を向いている」という感じで行動しがちです。

「不可解な行動」の理由

ＡＳＤの人は、他人へ関心を持つことが少ないという特性を持っています。**「目の前に立っている人は目に映る風景の一部」**という感覚も見られます。景色（人）が移り変わっていくように、他人の行動を眺めているわけです。このため他人の行動パターンを観察して、自分の行動を変えていくということができません。ですから、大人になっても、当たり前の常識的な行動ができないことがしばしばです。そのため、どういった状況でどのような言動を行うのが適切なのか、改めて学ぶ必要があります。

「不可解な行動」の対処法

・ロールプレイから学ぶ

とはいえ、学校や職場での社会生活で、そのようなＡＳＤの特性がマイナスに働いてしまうのはつらいことです。私たちが昭和大学附属烏山病院で行っている「ＡＳＤプログラム」では、ロールプレイを活用して「こういう場面ではこういう言動をするのが良い」ということを習得していきます。

社会人であれば職場でＡＳＤの人が対処に迷うシチュエーション、学生であれば学校でＡＳＤの人が困りがちなシチュエーションがいくつも存在します。

たとえば、「上司から会社の歓送迎会の出席を頼まれたが、自分はそういった集まりが極端に苦手なので、断りたい。どんなふうに伝えれば、上司を怒らせずに断れるか？」といった場面設定を医療スタッフが提案し、ＡＳＤの人はこれを考えて実際に演じてもらうのです。

ＡＳＤの人に、「こういうときはこう動くのが〝常識〟だよ」と理詰めで理解させようとしても、自分の考え方、やり方へのこだわりが強く、なかなか納得してもらえません。グループの中でお互いにアイデアを出しながら、**「こういう場面ではこういう態度や行動をとると良さそうだね」と、実際の場面に近い状況の中で学ぶ方が習得してくれる可能性が高い**のです。

しかし、こういったプログラムを利用できる機会は限られているため、自分が苦手な場面について事前に対応のしかたを考えておくことが有用でしょう。

⑤整理整頓が苦手（ADHD）

これは主にADHDの人に見られる特性です。「会社のデスク周りが全然片づけられない」という人もいますし、「自分の部屋が足の踏み場もない〝汚部屋〟になっている」という人も珍しい例ではありません。私が診療した方の中に、金融系の経営コンサルタントとして毎日忙しくしているADHDの女性がいました。仕事は相当できる人で毎日忙しく働いているのですが、「引っ越しして何ヵ月も経つのにまったく部屋の整理ができず、部屋の片隅で寝ています」と言うのです。このように仕事の能力は高くても、整理整頓は苦手で、うまくできないという人はひんぱんに見られます。

「不可解な行動」の理由

ＡＤＨＤの人は、脳の中で情報を整理整頓するのが得意ではなく、同様に、自分の存在する空間を整理整頓するのも得意ではないのです。片づけをするには、空間全体を把握するとともに、何をどこに配置するかという細かい作業を持続して行う必要がありますが、これは**ＡＤＨＤの人が不得意なマルチタスク**の繰り返しになります。

また、そもそも片づけのしかたがわかっていないことも多く、たとえ片づけられていなくても不快に感じない人も珍しくはないのです。それに加えて、物の多さが拍車をかけることが多いです。

「不可解な行動」の対処法

- **写真を使った「定物定置」で整理整頓**

整理整頓が苦手な人に「もう少しちゃんと整理しよう」などと決まり文句で指示を

しても、たいていうまくいきません。

備品・道具の管理棚や給湯室など、職場の共用部分の整理整頓でおすすめしたいのは、**「定物定置」**という考え方です。**「この備品はここにこのように戻す」というルールを決め、ビジュアル素材を使ってルールを明示する**のです。

もっとも簡単で効果が期待できる方法は「写真で置き場所を示すこと」。まず、理想の収納状態をスマホのカメラで撮影します。その写真を拡大コピーし、「この状態になるように戻してください」と書いて壁に貼っておくのはどうでしょうか。

引き出しなどの場合、理想の収納状態を写真撮影し、その写真を実物大に拡大コピーして引き出しの内底部分に貼り、「写真の上にそれぞれの道具を置いてください」と指示すれば、楽に整理整頓できるようになります。

このやり方は、個人のデスク周りにも応用できます。いったん理想の収納状態を作ってみて、その状態を撮影してプリントアウトし、「この状態になるように整理する」と決めるのです。ＡＤＨＤの人が元に戻すのが難しいケースでも、理想状態の写真があれば、周りの人が手伝いやすくなります。

また、全体を写真で提示することが難しい場合でも、ラベルなどを用いて、引き出しや棚などに、何をそこに収納したら良いのか明示しておくこともかなり手助けになると思います。

・〝汚部屋〟は「物を減らす」から始める

自宅の〝汚部屋〟に関しては、少し難しいところがあります。職場や学校のような公共性の高い空間とは異なり、その人のプライベートな空間だからです。

私は「片づけがなかなかできないんです」という悩みを話すＡＤＨＤの人に対して、まず「片づけるというよりも『物を減らす』ことを目的にしましょう」と提案しています。たとえば、**部屋にある物を「要る・要らない・保留」の3つに分別して、「要らない」に該当したものを処分する**という方法があります。このときに、周囲の人が仕分けや整理を手伝ってあげることができると、〝汚部屋〟の状態が改善する可能性があります。その後、前述した「定物定置」（Ｐ85参照）の方法で「要る」ものを整理できたら、なおうまくいくことでしょう。

とはいえ、部屋は個人的な空間です。傍《はた》から見れば〝汚部屋〟であっても、本人が「気にならない。むしろ快適だ」と思っているのであれば、それ以上は立ち入らない方が良いケースもあるでしょう。周囲から見ると不必要なものであっても、本人は大事にしていてどうしても捨てることができないという例も少なくありません。

無理矢理片づけさせよう、捨てさせようとする、あるいは強制的に介入することで、家族関係がこじれてしまうケースも見られます。**「本人にその気が芽生えたときにサポートする」**というスタンスが大切です。

・生活スタイルを見直して心と時間の余裕を作る

また、「片づけられない」という悩みを抱えている人の中には、「片づける時間や気力がない」という方も一定数います。さきほど挙げた経営コンサルタントの女性の場合、仕事が忙しくて、慢性的に睡眠不足であったことが大きな要因でした。

彼女は、ＡＤＨＤの治療薬を飲みながら生活スタイルを見直していくことで、少しずつ余裕が生まれ、「まずは物を減らす」ことに手をつけることができました。投薬の有無にかかわらず、**仕事の量を減らして生活に余裕を持たせる**ことは重要です。

・収納ボックスの利用

一般の人でも、部屋が物で溢《あふ》れている、しかしきちんと片づける時間も余裕もない、こういった状態の人は少なくないと思います。前述した定物定置なども、とても手がつけられない。しかし、現状では必要な書類がどこにあるのかわからないし、足の踏み場もないので、何とかしないといけない。

少ない労力で可能な対策は、**通常の段ボール箱程度の大きさの収納ボックスを利用した対応**です。収納ボックスは、4個程度用意しましょう。そして目の前に積み上げられたさまざまなものを、「本と紙類」「衣類」「その他」「明らかなゴミ」に分類して、それぞれ収納するのです。この場合、きちんと丁寧に収納する必要はありません。おおざっぱな扱いで十分です。これを行うだけでも、かなり部屋の片づけが進んだ印象になるでしょう。

⑥ケアレスミスが多い（ASD／ADHD）

ADHDは日本語で「注意欠如・多動症」と表記しますが、ケアレスミスは「注意欠如」の特性そのものです。この症状はADHDの人によく見られるものですが、ASDの人にも珍しくありません。

「不可解な行動」の理由

「注意欠如」の理由は、注意・関心の向け方にあります。自分の目前の物事や出来事に注意がいってしまい、少し前の物事や出来事を忘れてしまう傾向があることが問題です。また、自分の興味・関心の湧かない作業には集中できない傾向も強いです。こうした点は、脳の特性からくるものなので、やる気などの精神論で克服してもらおうと試みても効果は期待できません。

「不可解な行動」の対処法

・ミスをしたら、その場で「どこでどうミスをしたか?」をノートにメモ

仕事上のケアレスミスで悩んでいる人に私がおすすめしているのは、**「ミスをしたら、その場で紙に『どこでどうミスをしたか?』をメモしておく」**ことです。というのは、個々人のミスには、それぞれ共通するパターンがあるからです。

まず、当事者の人には小さなノートとペンを常に持ち歩くようにしてもらいます。「ミーティングのスタート時間を間違えてしまった」「頼まれていた物を1つ持ってくるのを忘れてしまった」といったようなミスをしたら、それをノートに後で読める字で丁寧に書き留めていきましょう。

そして、1日の仕事をスタートする前、ランチを終えて午後の仕事をスタートする前など、1日に2~3回、そのノートを見返す習慣をつけるのです。これを繰り返すことで、自分の間違いやすいポイントを把握できるようになってきます。

周囲の人は、当事者の確認をサポートしてあげましょう。たとえば「ミーティングのスタート時間を間違えてしまった」というミスをしがちな人がいた場合、「午後は

何回打ち合わせが入っているの？　そのスタート時間は何時？」といった質問を投げかけてあげましょう。

もっとも、手帳よりもスマホの方が使い慣れているという人もいるでしょう。スマホなどの電子機器を使用して悪いということはありませんし、利点もあると思います。ただ、スマホで書き込む画面を呼び出すには、暗証番号を入力するなど何段階かの手順が必要なため、迅速にメモができない点で多少問題があります。また自分の手で書いて、自分の書いた文字を何度も確認する方が記憶に残りやすいようです。

•「行動分解」でミスの再発を防ぐ

また、周囲からは簡単な作業のように見えるけれど、当事者からすると「実はやり方や手順がよくわかっていなくて……」ということもあります。

もしも毎回同じような段階でミスが発生しているなら、行動分解の手法を取り入れてみましょう。**「作業開始↓作業終了」までのプロセスを1つ1つ細かく書き出し、その書き出した手順をもとに作業を行ってみる**のです。特に、ミスを頻発する段階については、プロセスの書き出しを細かく行ってみてください。

それでもミスが発生するようなら、上司や同僚とも相談して、もう一段階細かく作業プロセスを書き出してみましょう。周囲の人は、作業プロセスの書き出しと作業検証をサポートしましょう。

・「やらなければならない作業」の意味や重要性を教える

興味を持てないことが主な原因でケアレスミスが発生している場合、「その作業の重要性」を周囲がしっかり伝えることが必要です。

特に会社の業務では、確認作業、入力作業など「地味で単純だけれど、やらなければならない作業」を行うことが増えます。学生時代までは「嫌いだから」「苦手だから」で避けてこられたことを、自分自身でやらなければならない場面が出てきます。

そういう作業を避けるわけにはいかないこと、そういう作業を各自が負担しているからこそ会社という組織が機能していることを認識してもらう必要があります。どうしてもこれが難しい人は、より自由度の高い仕事に転職する必要があるでしょう。

⑦指示されたことを忘れてしまう／忘れ物が多い（ADHD）

これはADHDの人によく見られる特性です。

「ついさきほど上司から受けた指示が何だったか忘れてしまい、もう一度聞きに行く」「スマホや財布を家に置いてきてしまったり、会議に必要な書類や備品を持ってくるのを忘れてしまう」「学校の授業で指示された持ち物をたびたび忘れてしまう」といったことなどがよく見られます。

「不可解な行動」の理由

指示されたことをすぐに忘れてしまうのは、**短期記憶が保持されにくいことが原因の1つ**です。もっとも心理検査をしても、多くのADHDの人が短期記憶の障害を示すということはなく、この特性には集中力の障害やすぐに目移りしやす

い点が関連しているようです。

忘れ物が多いのは、「注意欠如」の特性そのものです。当事者の人に子ども時代の話を聞くと、ひんぱんに教科書を忘れるために、毎日すべての教科書を学校に持っていっていたという人にたびたび出会うことがあります。

こうした問題は、どちらも本人のやる気や気合で防げるものではありません。「忘れ物が多い」という傾向が子どもの頃から顕著に見られた場合、通常は大人になってもその傾向は持続しています。

「不可解な行動」の対処法

- **「記憶に頼らない」ことを前提にコミュニケーションをとる**

指示されたことをすぐに忘れてしまう場合、「記憶に頼らない」ということを前提にコミュニケーションをとる必要があります。また、周囲の人は「口頭での指示ではうまくいかない」と肝に銘じておきましょう。

病院では看護師さんが大事なことを手の甲などにメモをすることがありますが、

「忘れてはいけないことは文字にして目に見えるようにしておく」という方法はぜひ参考にしてください。当事者の側からは、**「指示されたことを箇条書きなどにして必ずメモする」**という方法が有効ですし、指示する側では**「指示内容を箇条書きにして渡す」「定型業務はあらかじめマニュアル化しておく」**ことなどが可能です。

状況によっては、「あらかじめ上司に断って指示内容を録音させてもらい、後で聞き直す」など、音声録音や動画撮影を有効活用するのも1つの方法です。実際、会議などの場面を録音して、後から確認している当事者の人もいます。

・荷物は1つにまとめる、チェックリストの作成、前日に準備

忘れ物が多い人が第1にやるべきは**「荷物を複数にせず、1つにまとめる」**ということです。スマホ、財布、定期入れ、書類、ノートパソコンなどの必需品については、「スマホはスーツのポケットに、それ以外はカバンに……」というふうに考えてしまうと忘れ物が増えやすくなります。そうではなく、必需品がすべて収納できるカバンを用意して、「スマホはこのポケット、鍵はこのポケット……」というように、そのカバン内での収納場所も決めることです。これが第1にやるべきことでしょう。あるいは、小ぶりのバッグインバッグを用意し、必需品はそこにまとめることも有効です。

次に必要なのは、**「必需品チェックリスト」の作成**です。たとえば、出社の必需品がスマホ、財布、定期入れ、書類、ノートパソコンなのであれば、それをコピー用紙などに大きく書いて、部屋の壁に貼っておいたらどうでしょうか。このリストを毎日確認する習慣をつけることが重要です。また、その1日だけ特別に持っていくべき物があれば、付箋にその品物を書いて「必需品チェックリスト」に貼っておきましょう。

第3にやるべきことは、**「前日のうちに準備をする」**ことです。忘れ物が多いADHDの人の中には、朝起きるのが苦手という方も多くいます。朝、忙しい中でバタバタと慌てて準備をし、忘れてしまう……という人が多いのです。前日の心の余裕があるときに「必需品チェックリスト」を見ながら準備すれば、忘れ物をする確率はかなり下がります。さらに出発前に再チェックできれば、さらに良いでしょう。

周囲の人たちは、第1～第3のステップをサポートしてあげてください。

・電子機器の利用

忘れ物対策として、不動産営業とライター・作家業をかけ持ちする発達障害の当事者の借金玉《しゃっきんだま》氏は、『発達障害サバイバルガイド』（ダイヤモンド社、2020年）の中で、キーファインダーという電子機器の利用を推奨しています。

これは、財布やスマホなどにタグをつけておくと、リモコンのボタンを押せばタグからアラームが鳴る仕組みになっているもので、忘れ物の対策として有効ですが、リモコンの管理のしかたが重要となるでしょう。

⑧締め切りを守れない（ASD／ADHD）

これは、ASD、ADHDのどちらにも見られる特性です。外来を訪れる人の中にも「締め切りを守ることができない」という方がたくさんいます。

「締め切りの問題」は、小学校～高校時代には宿題提出、大学生になるとレポートや論文などの課題提出、社会人になると日々の仕事……というように、大人になっても問題が生じる機会が減ることはありません。

さらに、一人暮らしを始めれば、社会保険料や税金、水道やガスなど公共料金の納付も行う必要があり、「締め切り」の数はさらに増えてしまいます。ゴミ出しも「何曜日の何時までに出す」という意味では締め切りが関連しています。

「不可解な行動」の理由

同じ「締め切りを守れない」場合でも、ADHDとASDでは「理由」が異なっています。

ADHDの場合は、**「先読み」**や**「見通し」**が苦手という理由で締め切りを守れないことが多いようです。

たとえば、仕事上で、「木曜日の夕方までに書類を完成させる」という業務が

あったとします。その際、定型発達者であれば「やり直しをしている時間的余裕はなさそうだから、3分の1くらいまで作ったところで上司に進行状況を報告した方がいいかな？」とか、「木曜日の夕方ギリギリにできる予定で進めると間に合わない可能性があるから、お昼くらいを目標にしよう」などと考えて計画的に進行させると思います。ところが、このように段取りを立てて計画的に実行することが、ADHDの人は苦手です。

また、優先順位を決めるのも得意ではありません。たとえば、書類作成の仕事を進めている途中で誰かから「この仕事をやっておいて。そんなに急ぎではないけど」と他の仕事を頼まれてしまうと、頼まれた仕事の方に関心がいってしまい、そちらを優先してしまうことがあります。また、横道にそれた課題が面白くなってしまい、本来の業務を後回しにすることも起きやすいのです。

それに対してASDの場合は、**「こだわりの強さ」が締め切りを守れない原因**となることがあります。「木曜日の夕方までに書類を完成させる」という締め切りがあったとしたら、「字体は何がいいのだろう……？」「タイトルはどうすればいいんだろう…

…？」というように、細部まですべてにわたってしっかり仕上げたいという思いから、なかなか実務が進まないことが見られます。**ASDの人は、「木の1本1本を詳細に見る」のに長けているのですが、「森全体を見る」のは得意ではない**のです。

さらにASDの人は、興味のない事柄は、それに対応することが必要だとわかっていても、納得がいかないと意識的に手をつけないといったことも見られます。意味がわからないといって、出勤のタイムカードを絶対に押そうとしない人もいました。

「不可解な行動」の対処法

・「小さな締め切り設定」でスケジュール作成をサポートする

ASD、ADHDはともに「スケジュールを立てる」という作業が得意ではありません。周囲の人はまず、スケジュール作成を手伝ってあげることをおすすめします。

「木曜日の夕方までに書類を完成させる」のであれば、当事者と話し合いながら、**完成に至るまでにいくつかの小さな締め切りを設定してみる**のが良いでしょう。

たとえば、「①月曜日のうちに資料を集めておく」「②火曜日の夕方までに3分の1

まで書いてみて、上司にこれで良いか確認する」「③水曜日の夕方までに一度完成させる」「④木曜日の午前中に修正する」などです。

また、小さな締め切りの時刻の30分前などにスマホのアラームをセットし、作業中に「締め切り時刻が近づいている」ということを知らせる仕組み作りも有効です。

・こまめに進捗状況を確認をする

また、周囲の人は、スケジュール作成のサポートだけでなく、こまめな進捗状況の確認も必要となります。締め切り間近で「あれどうなっていますか?」と聞いても、実際には立てたスケジュールどおりに進んでいないことが多いからです。

小さな締め切りが近づいてきたら、「どうなっているか?」を確認する。そして、うまくいっていないようなら、間に合うための手段や方法を話し合う。と同時に、なぜうまくいっていないかを具体的に見極め、次回の仕事に活かすことも必要です。地道ですが、これを繰り返して**「締め切りに間に合う行動習慣」を習得するサポート**をしていきましょう。

・締め切りを守らないことによる悪影響を伝える

また、社会人であれば「締め切りを守らないと周囲や自分自身にどんな悪影響があるのか？」を当事者に粘り強く伝えることも大切です。なぜなら、これまでの生活では親や学校の助けによって「締め切りを守らなくても何とかなっていた」という人が多いからです。

自分自身が仕事の締め切りを守らなければ、信用を失い、新しい仕事を任されなくなります。そして、業務の遅れは会社の同僚に悪影響を与え、残業や余分な仕事を負担させることになったり、会社全体が信用を失うことになったりもします。

「仕事は1人だけで完結するものではない」という大前提をきちんと伝えましょう。

⑨マルチタスクができない（ASD／ADHD）

これは、ASD、ADHDのどちらにも見られる特性です。会社で仕事をしていると、レベルの違いはあるものの、いくつかの案件を同時並行で進めていく必要に迫ら

れます。定型発達者の場合はそれぞれを別物として捉えることができますが、発達障害の人の場合はすべて同時にこなさなければと思って、頭が真っ白になってしまう傾向があるのです。

「マルチタスクができない」という悩みは、大学生活を始めた人から聞くケースも多いです。高校時代までは時間割が存在し、その基本的枠組みの中で毎日生活ができました。けれども大学生になると「どの授業を取るか？」「お昼休みはどこで何を食べるか？」といったように、あらゆることを自分で決める必要があります。**選択の自由度が増えたことが、逆に難しさをもたらしている**のです。

「不可解な行動」の理由

発達障害の人の場合、いくつかの仕事が重なってくると、「同時に進めなければならない仕事がある」と思い混乱する傾向があります。

イメージ的に言えば、定型発達者であればプロジェクトAに関する情報は「プロジェクトA」のフォルダに収納され、プロジェクトBに関する情報は「プロジェクトB」のフォルダに収納され……というふうになっています。

ところが、発達障害の人はすべてのプロジェクトの情報を1つのフォルダに収納してわからなくなり、焦った結果、「Delete」のキーを押して情報を全消去してしまう……といった感じになることもあるのです。

たとえ頭が真っ白にならずとも、「とにかく仕事を終わらせよう」という焦りばかりが先立ち、優先順位をつけることができず、目の前の仕事をひたすら進めてしまうケースも起こり得ます。

「不可解な行動」の対処法

・仕事ごとに用紙を作り、やるべきことを書き出してみる

まずは発達障害の当事者を焦らせないことです。その上で、**「頭の中ではなく、頭の外で整理する」**という作業をサポートしましょう。たとえば、1つの仕事でやるべき作業を1枚の紙に箇条書きで書き出し（5つの仕事を抱えていれば紙は5枚になります）、作業が終わるたびに箇条書きにした項目を消していくといった方法をとれば、「頭の中でやるべきことがぐちゃぐちゃになる」というリスクを下げられます。

・締め切りの早いものから手をつける

また、「仕事の優先順位がつけられない」という悩みを抱えている人に、「仕事の重要性で優先順位を決める必要はありません」とアドバイスしています。そして「締め切りの早いもの＝優先順位の高いものと考えて、締め切りの早いものからやっていくといいですよ」と伝えています。

「この仕事の方が重要なのか？　それともあの仕事の方が重要なのか？」という「重

要度」の場合、基準が数値化されず、曖昧なので、決めるのはなかなか難しいものです。ところが、「締め切り」であれば「何日の何時までに終わらせてほしい」というように基準を数値化できて明確です。

発達障害の当事者に仕事を頼む側は「何日の何時までに終わらせてほしい」と時間まで指定して頼むべきですし、当事者は「何日の何時までに終わらせれば良いのか?」を必ず確認する習慣をつけましょう。そして、当事者は、締め切りの早いものから手をつけていくと良いでしょう。

⑩際限なくお金を使ってしまう(ADHD)

これは、主にADHDの人に見られる症状で衝動性の表れと考えられます。ギャンブル依存、買い物依存などはこれに関連した症状です。推しのタレントに際限なく金銭を使ってしまうという人もいます。

これは、あるADHDの男性弁護士のケースです。彼は有名国立大学に現役合格し、司法試験も在学中に難なくクリアして弁護士になりました。ところが、弁護士事

務所ではケアレスミスで叱責されることが重なり、憂さ晴らしにパチンコにのめり込んで、ギャンブル依存症になってしまいました。その結果、社会人数年目で借金が５００万円以上に膨らんでしまったのです。結局、彼は弁護士事務所を辞めて東京を離れ、郷里に帰りました。今はそこで依存症の治療を行っています。借金はご両親が返済しました。

パチンコ、パチスロ、ネットゲームやネットカジノなど、**射幸心を煽《あお》るものにはまっていく人の中にはＡＤＨＤの特性を持つ人が多い**ことが知られています。

また、ＡＤＨＤの人の中には、買い物依存症に陥っている人もいます。クレジットカードの上限まで買い物をしてしまう。困ったあげく、支払方法をリボ払いに切り替えてしまったり、新たに別のクレジットカードを作って上限まで使ってしまったり、キャッシングで大金を借りてしまったり……。「自己破産する以外にどうしようもない時点で、初めて家族など周囲の人がその事実を知ることになる」という段階で受診に来る人もいます。

「不可解な行動」の理由

なぜそこまでお金を使ってしまうのか？　それはADHDの「衝動性」という特性に関係があるとされます。

脳の報酬系が引き起こす特性だと言われていますが、本人の意思だけで衝動を抑えるのは難しいことがあります。端的に言えば、お金を使うことが気持ち良いのです。

衝動性の強いADHDの人は「将来のことより今のこと」という感覚を持っています。たとえば、「手元の10万円を投資信託に預ければ20年後に2倍になっている可能性がありますよ」という話をしても、そんな遠い未来の選択肢は存在しません。それよりも「今ワクワクしたい」「今欲しいものを買いたい」という思いが強く、抑えることができません。

そして、たくさんのお金を使っていても、「さすがにマズいんじゃないか?」といった不安はあまり抱かず、「使えるだけ使いたい」という気持ちで突っ走ってしまうのです。

「不可解な行動」の対処法

・支出を正しく把握する

金銭管理の第一歩として重要なのは、支出の把握です。多くの場合、自分が思っているよりも遥かに大きな金額を支出していることはまれではありません。

家計簿をエクセルで作成する、レシートをすべて管理する、あるいは支出方法をクレジットカードなどに一元化する、などさまざまな方法がありますが、できるだけ長続きするものを選択してください。

・「これ以上使ったらマズい」という金額を書き出し、使用上限を設定

スマホサービスの課金にしても、クレジットカードにしても、公共ギャンブルにしても、「これ以上使ってしまったら生活できなくなる」という上限が人それぞれ存在すると思います。まずは、その金額を書き出してみると良いでしょう。周囲の方はそれをサポートしてあげてください。

そして、**使用制限を1つ1つにかけていく（例：スマホの使用上限を設定する、クレジットカードでの買い物上限金額を設定する）**ことをおすすめします。

ただ、周囲の人は「稼いだお金は本人のもの（周囲の人に迷惑をかけない限り）」という大前提を忘れない方が良いでしょう。多額の借金をしない限り、使い途《みち》にあれこれ口を出しすぎると、当事者と感情的に揉める原因になります。

・別人が管理する or お小遣い制にする

使用制限をかけたとしても、本人が自由にお金を使えるとなれば金遣いに歯止めがきかないリスクは残ります。そのため、**スマホ決済、クレジットカード、キャッシュカードなど、すべての金銭管理を、別の人（家族など）がしている**ケースも見られます。

また、**お小遣い制にする**のも1つの方法です。その場合は「現金手渡し」にして、スマホやクレジットカードで物を買えないようにすると良いでしょう。ちなみに現金を渡す場合、「今月のお小遣い」として1ヵ月に1回渡すよりも「今週のお小遣い」として1週間に1回渡すのが効果的です。なぜなら、長い期間よりも短い期間の方が我慢しやすいからです。

・衝動性を抑えるADHD治療薬が有用なケースも

このような衝動的な行動に対して、ADHDの治療薬が有効な人もいます。中でも、「インチュニブ」は衝動性を抑える作用が他の薬剤より有効性が高いという報告があり、実際に有用なケースが存在しています。

⑪極端な行動に走る(ASD)

これは、一部のASDの人に見られる特性です。「非常におとなしい」と周りから思われてきた人が、ある日突然攻撃的な問題行動をとることがあります。中には、暴力的な行動に至り犯罪につながるケースも見られます。

これはASDにおける「衝動性」と、「先読み」が苦手な特性に関連しているものではないかと考えられています。

「不可解な行動」の理由

「衝動性」に関してADHDとASDを比べてみると、ADHDの場合、衝動性は基本的な症状であり、日々の生活の中で自らの衝動性をコントロールしています（ただし、ADHDにおいて衝動性があまり見られないケースも存在しています）。

それに対してASDの人の場合、常に衝動的な言動があることはむしろまれで、普段はおとなしく生活の中でストレスを蓄積させているイメージがあります。彼・彼女たちは日々のつらいこと、苦しいことを、心の内に溜め込んでいるのですが、表情や態度に表すことをあまりしないため、周囲からは気づかれません。それがあるとき一気に大爆発する、ということが起こるのです。

大きなストレスを溜め込んでいれば、どこかで解消、発散する必要があるのですが、ほとんどの人は「もしも自分が大きな問題を起こしてしまったら、仕事や生活に

重大な支障が出る」と考えて、「暴発」することは踏みとどまります。ところが、こうした**「社会的な責任」を考えるのが苦手なＡＳＤの場合、衝動を抑えるブレーキがきかずに、問題行動を起こしてしまう**のです。

ここで、成績優秀なＡＳＤの高校生のケースをご紹介しましょう。通常はおとなしい生徒でしたが、部活でいつもからかわれたり、いじめられたりしていたため、ある時急に逆上して、同級生をはさみで襲おうとしてしまったのです。そのため、その場で取り押さえられて、その後は停学処分となりました。

こうしたトラブルは一般の生徒でも起こり得ることですが、普段はおとなしく粗暴なところがない優等生だったので、家族も学校側も非常に驚いていました。

記憶力のいいASDにおいては、つらい出来事を繰り返し思い出す特性があり、フラッシュバックに伴って行動化に至ることも見られています。

「不可解な行動」の対処法

・SOSサインを見逃さず、1つ1つの解決をサポート

ASDの場合、その人の感情が表情や態度に表れにくいので、その人のSOSサインを周囲が見落としてしまう可能性があります。けれども、「イライラしたそぶりを見せるようになった」「『どうせ自分なんて』といった自己否定的な言葉を使うようになった」「以前は楽しくやっていたことを、急にやらなくなった」「反抗的な態度や暴言を吐くようになった」「新しいことに取り組むのを嫌がるようになった」といった様子が見られるようになったら、それはSOSサインの可能性があります。

周囲の人たちはこういった小さな変化を見逃さず、「何が原因でSOSサインを出

しているのか？」を探っていきましょう。こうしたサポートを続けて、**当事者が大きなストレスを溜め込まないようにすることが重要**です。学生の場合は学校と、社会人の場合は会社との相談が必要になることもあるでしょう。

・大爆発しそうになったら、その場を離れさせる

また、興奮して大爆発しそうな兆候が見られた場合の対応としては、「その場を物理的に離れる」ことが有効です。現場や対象となった人物から距離をとり、時間をおくことで、事態を冷静に受け入れる余地が生まれる可能性があるからです。周囲の人は、こうした点をよく理解しましょう。

また、「健康であるかどうか」も、感情のコントロールに大きな影響を与えます。規則正しい食生活を送っているか、外に出て太陽を浴びているか、十分な睡眠がとれているか、などについて常に注意をしてください。

⑫過剰集中してしまう（ADHD）

これは、ＡＤＨＤの人に見られる特性です。過剰集中によって仕事や課題にのめり込み、不眠不休で食事もせずに数日間を過ごすケースも見られます。

このような過剰集中について歴史上の人物を挙げると、代表例は著名な医学者であった野口英世《のぐちひでよ》です。野口英世は、福島県の猪苗代《いなわしろ》高等小学校を卒業後、苦労して医師免許を取得、その後ペンシルベニア大学医学部を経て、ロックフェラー医学研究所の研究員となりました。黄熱病や梅毒などの研究で世界的に有名です。彼には多くの伝記が存在しており、「千円札の肖像だった人」として顔も名前もよく知られています。

ロックフェラー医学研究所の同僚たちは、不眠不休で働き続ける彼を見て、「人間発動機」「24時間仕事男」というあだ名をつけていました。実際、彼の仕事ぶりはすさまじく、昼も夜もなく研究を

続け、疲れたら白衣のまま研究室のソファで眠ってしまうという生活を送っていました。「野口は寝間着を持っていなかった」というエピソードも残っています。

現代の人物では、代表例は実業家で世界一の資産家とも言われるイーロン・マスクが挙げられます。本人はアメリカのテレビ番組などで「自分はアスペルガー症候群だ」と主張していますが、彼のこれまでの言動からは、むしろADHDと考えられます。彼がCEOを務める電気自動車メーカー・テスラの従業員からは、「彼はデスクやテーブルの下で丸まって寝ていた」「イーロン・マスクほど長時間働いている人間はいなかった」という証言があり、その働きぶりは〝超人〟と表現されていたそうです。

発明王と呼ばれたトーマス・エジソン、アップル創業者のスティーブ・ジョブズもADHDを思わせる過剰集中的な仕事ぶりだったようですし、現在活躍中の漫画家や小説家の方の中にも同様の仕事ぶりの人はしばしば見られます。

「不可解な行動」の理由

では、なぜこのように過剰集中してしまうのでしょうか？　それはADHDの「衝動性」の特性と関係があるようです。彼・彼女たちは自分が「やりたい」と思ったことにはスイッチが入り、周囲が驚くほどの集中力で向き合い続けられる。そのような特性を持っているのです。

ここで心に留めておきたいのは、**「過剰集中の人は『疲れ知らずな人』というわけではない」**という点です。もちろん個人差があるので、長期にわたって過剰集中を続けられるような人もまれにいます。

けれども、ほとんどの人は「過剰に集中した分、後でドッと疲れが出る」ということになります。過剰集中はたとえるならば、「100のエネルギーを『10×10』で均等に使い切る」のではなく「前半だけで100すべてを使い切ってしまう」ようなものので、過剰に集中した時間の代償が後になって生じるわけです。

過剰集中は、重要で大きなタスクを成し遂げる要因としてポジティブな側面があるのは確かですが、必ずしもおすすめできる仕事のしかたではありません。もっとも、美術家や漫画家の人たちが、過剰集中的な作業によって作品を創作していることはまれではありません。

「不可解な行動」の対処法

・「過去の失敗経験」を振り返り、メモしておく

では、どうするのが良いのでしょうか?

過剰集中をしていても、その後に問題が生じないのであれば、経過観察でよいと思います。ところが、「集中して頑張りすぎて、後で倒れてしまった。何日も仕事ができなくなった」というような事態に陥るのであれば、うまくコントロールする必要があります。

ここで活かしたいのは、過去の経験です。これまでの失敗経験を振り返り、「こういう状況で、ここまで頑張ってしまった結果、健康を害してしまった。今思えば心身にこんな兆候が出ていた」ということを思い出し、メモしておきましょう。そのメモを繰り返し参照することで、「同じ轍《てつ》を踏む」という危険性を下げることができるでしょう。周囲の人は、過去の経験の整理をサポートしてあげると良いでしょう。

実は、投薬の効果が見られているケースにおいても、似たような状況になることがあります。コンサータなどの服用によって注意力、集中力の改善が見られた場合、い

つもより仕事がうまくできると感じ、つい過剰集中的に頑張りすぎてしまうことがたびたび見られます。こうした場合、仕事の後どっと疲れてしまい、そのまま寝込んでしまうこともあるので、うまくペース配分する必要があります。

⑬複数人での会話が苦手（ADHD）

これは特に、ADHDの人が抱えがちな悩みです。1対1での対話、あるいはもう1人加わって3人での会話くらいまではついていけるのですが、それ以上の人数での会話となると話についていけなくなります。たとえば、学校でのグループ討論、会社での会議など、大人数の状況を想定してください。その際、発達障害の人は「今、何を話しているのかがわからない。何を発言していいかもわからない」というようなことになりがちです。

「不可解な行動」の理由

これは「**注意の移動が苦手**」というADHDの特性が大きな原因と考えられていま

す。自分以外に、A、B、Cの3人の話者がいる場だとします。Aが話し、Bに発言権を譲り、Cが会話を引き取り……、となると、注意を向ける対象がA→B→Cというように移ります。人数が増えるほど、注意を向ける対象はめまぐるしく変わります。

ADHDは、注意を向ける対象を移動することが得意ではありません。その結果、どこに注意を向けてよいかわからなくなり、混乱してしまうのです。このため、「話し合いの中身」を理解することもできなくなります。

さらに、「短期記憶の保持が難しい」

というADHDの特性が加わります。何か他のことに注意を向けると、その前に覚えていたことを忘れやすいのです。Aが話していた内容を記憶していたのに、Bに移った瞬間、それを忘れてしまう……ということが起こり得るのです。

このように「話し合いの中身」や「話の流れ」がよく理解できていない状態なので、会話の途中で「何か意見はありますか?」「それについてどう思う?」などと質問されても答えるのが難しいのです。

「不可解な行動」の対処法

・ボイスレコーダーや音声入力ソフトを活用

会社での重要な会議など「話の内容をしっかりと理解する必要がある」場合、「聞いているだけでは理解できない」という前提で対処法を考えると良いでしょう。具体的には「ボイスレコーダーで録音し、後から聞き直す」「音声入力ソフトを使って、その場で文字起こしをする」などです。

周囲の人は、当事者がそのような対策をとるのを容認する必要があります。

・会議後に意見を聞く or 会議前に意見をまとめておいてもらう

また、発達障害の当事者に「その場で」意見やコメントを求めることは、難しい場合があることを認識しておきましょう。

社内の会議の場合、「良いアイデアを多くの人から募る」ということを目的にするのであれば、「会議後に議事録を読んだ上で、意見やコメントを出してもらう」とするのも良いでしょう。

また、「会議の場で誰もが意見やコメントを気兼ねなく言える雰囲気を作る」ということを目的にするのであれば、事前にテーマやおおよその流れを伝えておき、会議までに意見をまとめておいてもらうという方法も考えられます。この場合、会議の途中で今までの会議の内容を要約しつつ、「〇〇さんはどう思う?」と聞いてみることになるでしょうが、発言が幾分流れから外れてしまう可能性には注意が必要です。

⑭臨機応変に対応できない（ASD）

これは、特にASDの人が抱えがちな悩みです。

私のところに来たある男性は「朝、出社すると、仕事の予定が急に変わっていて、そのことが許せなかった」と非常に怒っていました。「仕事とはそういうものなのですよ。急な変更はしかたのないこと」という話はしたのですが、どうしても受け入れられないようです。

「不可解な行動」の理由

ＡＳＤの人には、その人なりの強いこだわりがあります。そのこだわりの強さは**「変化を嫌う」**という特性から来ています。朝起きて、歯を磨いて、顔を洗って、ご飯を食べて、同じ道を通って出社し、予定どおりの仕事をしたい……といった具合であり、自分の行動の順番が決まっていて、簡単にそれを変更できない

ことも珍しくありません。

こだわりの強さは、生活のさまざまな面で見られます。さきほどの男性の場合は、無類の電車好きです。以前、地下鉄で事故があった際は、国立国会図書館でいろいろな駅の資料を借りて事故の原因を調べ、地下鉄の会社に意見書を提出したこともありました。

「不可解な行動」の対処法

・「仕事とはどういうものか」をきちんと指導する

では、周囲の人はどうすれば良いのでしょうか？

「社会で生活していれば急な予定変更はよく起こる」ということを、繰り返し伝えることが重要です。学生時代はある程度時間割が決まっていて予定も見通しやすいのですが、仕事ではそうも言っていられません。上司や同僚、部下の予定もありますし、取引先の都合も絡んできます。会社の経営方針が変わることだってあります。「仕事とはそういうもの」と根気よく指導していきましょう。

ただし、どうしても臨機応変の対応が難しい人もいますし、理屈でわかっていても感情的に反応してしまうようなケースも見られます。こうした場合、むしろ仕事を変えて、変化がなく、臨機応変の対応が求められない職種を考えるべきでしょう。

・「予定変更になったらすぐに当事者に伝える」などの工夫を

実際、「仕事とはそういうもの」「自分の時間を会社に預けることで、給与が生じている」と繰り返し説明しても、なかなか受け入れられないASDの人も多いと思いますが、転職が容易でないケースや、どうしても今の仕事を続けたいということもあるでしょう。その場合には、「予定変更になった時点でできるだけ早く当事者に伝える」「仕事の進め方や優先順位づけについてアドバイスする」「予定変更で起こり得るトラブルや苦労についても事前に伝える」などの対応が適切でしょう。このような指導によって、**当事者が変化の幅を「小さい」と感じられるよう、また変化を予期できるようにサポート**していきましょう。

- 0 〜 45cm
「Intimate Zone（密接距離）」
➡家族や恋人などごく親しい人に許される空間
- 45cm 〜 1.2m
「Personal Zone（個体距離）」
➡友人や知人に許される空間
- 1.2 〜 3.6m
「Social Zone（社会距離）」
➡仕事の打ち合わせをしたり、クライアントと商談をしたりするのに適した空間
- 3.5 〜 7m（またはそれ以上）
「Public Zone（公衆距離）」
➡講演者とオーディエンスなど直接的な関係性がない場合にふさわしい空間

パーソナルスペースの４つのゾーン分類

⑮人との距離が近すぎる（ＡＳＤ）

続いて、ＡＳＤの人によく見られる特性です。これは主に、「人との物理的な距離が近すぎる」ということを意味しています。「パーソナルスペース」という概念があります。他人に侵入されると不快に感じる空間のことですが、ＡＳＤの人は適正な距離を見つけるのが苦手で、必要以上に近づいてしまうのです。

アメリカの文化人類学者エドワード・Ｔ・ホールは、パーソナルスペースを４つのゾーンに分類しました。

つまり、学校で友人と話すのであれば45㎝ほどの距離感でも許されますが、会

社で同僚や取引先と話すのであれば1・2m以上の距離感を保った方が良いということになります。

ところがASDの人は、会社で同僚や取引先と話す際に近づきすぎてしまうことがあります。さらには、話す際に顔を近づけすぎてしまう、上司や先輩、お客様にも「ため口」でしゃべってしまう、といった言動が加わることもあり、パーソナルスペースに侵入された相手は驚いてしまうのです。

「不可解な行動」の理由

まずASDの人は、相手の感情に配慮

しようとする意識が希薄です。相手に近づきすぎると不快に思うのではないかと推測することが、なかなかできません。そのため不用意に近づきすぎてしまうのです。

さらに、ある程度距離感を意識している場合でも、彼らは「**臨機応変に対応するのが苦手**」という特性を持っています。「家族だからこれくらいの距離、友だちだからこれくらいの距離、会社の人だからこれくらいの距離」と、相手との関係性によって距離を変えることが簡単にできません。

社会人になっても1・2m以内の距離でコミュニケーションをとろうとするのは、学生時代に慣れ親しんだ「友だちとの距離感」の名残かもしれません。「話す際に顔を近づけすぎてしまう」「上司や先輩、お客様にも『ため口』でしゃべってしまう」といった点も、おそらく同様の現象でしょう。

「不可解な行動」の対処法

・「両腕を横に広げたとき以上の距離を取ろう」と具体的にアドバイス

学校においても、職場においても、「近すぎて困る」というトラブルが生じているケースでは、「パーソナルスペース」の概念をもとに適正な距離感を教えてあげましょう。ちなみに、「大人が両腕を横に広げたとき」がおおよそ1・2mの目安です。職場であれば**「両腕を横に広げたときよりも近づいて話をしようとすると、相手はびっくりしたり不快に感じたりする可能性がある」ことをアドバイス**しましょう。

顔を近づけすぎてしまうことや、ため口言葉についても、「今までは家族や友人とそうしてきたので、非常識なことだという認識がない」可能性があります。「会社には、別のルールがある」ことをアドバイスしてください。

いかがでしたか？　本章では、職場・学校・家庭などでよく目にする発達障害の人の「不可解な行動」について、代表的なものを15個取り上げ、それぞれについて原因と対処法についてご説明しました。

最後に、1つ1つの「行動」と、個別の「対処法」をまとめた表を載せますので、困ったときはこのページを開いて、問題に対応するための参考にしていただけたらと思います。

3 周囲のアドバイスを受け入れる姿勢を持つ

⑨マルチタスクができない（ASD／ADHD）

- 仕事ごとに用紙を作り、やるべきことを書き出してみる
- 締め切りの早いものから手をつける

⑩際限なくお金を使ってしまう（ADHD）

- 「これ以上使ったらマズい」という金額を書き出し、使用上限を設定
- 別人が管理する or お小遣い制にする
- 衝動性を抑えるADHD治療薬が有用なケースも

⑪極端な行動に走る（ASD）

- SOSサインを見逃さず、1つ1つの解決をサポート
- 大爆発しそうになったら、その場を離れさせる

⑫過剰集中してしまう（ADHD）

- 「過去の失敗経験」を振り返り、メモしておく

⑬複数人での会話が苦手（ADHD）

- ボイスレコーダーや音声入力ソフトを活用
- 会議後に意見を聞く or 会議前に意見をまとめておいてもらう

⑭臨機応変に対応できない（ASD）

- 「仕事とはどういうものか」をきちんと指導する
- 「予定変更になったらすぐに当事者に伝える」などの工夫を

⑮人との距離が近すぎる（ASD）

- 「両腕を横に広げたとき以上の距離をとろう」と具体的にアドバイス

すべてに共通する対処法 **1** 睡眠をきちんととる、**2** 薬を飲む習慣をつける、

①遅刻が多い（ADHD）

- ADHD治療薬を飲む
- 入院生活で生活習慣を改善する
- 毎朝モーニングコールをする
- アラームが鳴ったら準備開始というルールを決める

②ストレートな物言いをする／うまく言語化できない（ASD／ADHD）

- 「頭の中でのリハーサル」をすすめる
- 「事前の整理」をすすめる

③しゃべり続ける（ASD）

- 婉曲表現を使わず、はっきりと伝える

④社会常識に欠ける（ASD）

- ロールプレイングから学ぶ

⑤整理整頓が苦手（ADHD）

- 写真を使った「定物定置」で整理整頓
- 〝汚部屋〟は「物を減らす」から始める
- 生活スタイルを見直して心と時間の余裕を作る

⑥ケアレスミスが多い（ASD／ADHD）

- ミスをしたら、その場で「どこでどうミスをしたか？」をノートにメモ
- 「行動分解」でミスの再発を防ぐ
- 「やらなければならない作業」の意味や重要性を教える

⑦指示されたことを忘れてしまう／忘れ物が多い（ADHD）

- 「記憶に頼らない」ことを前提にコミュニケーションをとる
- 荷物は1つにまとめる
- チェックリストの作成
- 前日に準備

⑧締め切りを守れない（ASD／ADHD）

- 「小さな締め切り設定」でスケジュール作成をサポートする
- こまめに進捗状況を確認する
- 締め切りを守らないことによる悪影響を伝える

代表的な「不可解な行動」と対処法まとめ

第3章

当事者たちが抱える悩みとは？

■「不可解な行動」をとりたくてしているわけではない

▼発達障害は種類ごとに特性が異なる

発達障害の当事者にとって、もっともつらいことの1つ。それは「周囲が理解してくれないこと」です。「本人の希望や好みでそうしているんでしょ」「やる気がないからそうなっているんでしょ」などと思われていることです。

実は、ほとんどの場合、本人の意志の問題ではありません。繰り返し述べてきましたが、彼らの示す一見特異な言動は、生まれながらの脳の特性に由来しています。ASDの人が「時間を気にせずしゃべり続けてしまう」のも、ADHDの人が「上司から口頭で伝えられた指示をすぐに忘れてしまう」のも、あるいはLD（学習障害）の人が「文書を読むのにかなりの時間がかかる」のも、本人が意識してそのような行動をとっているわけではありませんし、努力しても変えられない場合も多いのです。

現在の発達障害の分類名や診断については、2013年に出されたアメリカ精神医学会（ＡＰＡ）の診断基準「ＤＳＭ－５」を用いています。発達障害という用語は総称であり、「ＤＳＭ－５」において、発達障害は「①知的障害（知的能力障害）、②コミュニケーション障害、③ＡＳＤ（自閉スペクトラム症、自閉症スペクトラム障害）、④ＡＤＨＤ（注意欠如多動症、注意欠如多動性障害）、⑤ＬＤ（限局性学習障害）、⑥発達性協調運動障害、⑦チック症」の7つに分けられています。

ここでは、特に代表的なＡＳＤ、ＡＤＨＤ、ＬＤの3つについて解説し、その上で当事者の悩みについて考えていきます。

□ＡＳＤ（自閉スペクトラム症）

ＡＳＤとは「Autism Spectrum Disorder」の頭文字をとったもので、日本語に訳すと「自閉スペクトラム症」、あるいは「自閉症スペクトラム障害」となります。これは、「対人関係が苦手」「こだわりが強い」といった特徴を持つ発達障害です。

一般に、**成人の1％程度がＡＳＤであると言われています**。女性よりも男性に多く見られますが、その理由はまだ明らかになっていません。

「DSM-5」以前は「ASD」という言葉は使用されず、「広汎性発達障害」と呼ばれ、さらに「自閉性障害（自閉症）」「アスペルガー障害（アスペルガー症候群）」「特定不能の広汎性発達障害」と分類されていました。

ところが、アスペルガー症候群の提唱者であったウィーン大学の小児科教授ハンス・アスペルガー医師により、第二次世界大戦中、ナチスの協力者であったという報告がなされたことにより、「アスペルガー症候群」という用語は使用されなくなりました。このため、英国の研究者であるローナ・ウィングが提唱した自閉スペクトラム症（自閉症スペクトラム障害）という診断名が代わって使用されるようになったのです。

ASDは知的障害を伴う重いものから軽度のものまでさまざまですが、学校や職場に通っている人の大半は、従来の「アスペルガー症候群」に相当する知的障害のない軽症のケースです。

□ADHD（注意欠如・多動症）

ADHDは「Attention Deficit Hyperactivity Disorder」の頭文字をとったもので、日

本語に訳すと「注意欠如多動症」、あるいは「注意欠如多動性障害」です。「不注意」「衝動性」「多動」の3つが主な症状です。

子どもの4〜8%、成人の3〜4%程度がADHDであると言われています。子どもと成人の割合に差がありますが、ADHD自体は「生まれながらの脳の特性」ですから、「大人になって特性が変化した」というよりも「大人になって特性に応じた適切な対処ができるようになった」と考えてください。

ADHDにおいては、環境や行動への介入、薬物療法などによって自らの行動特性をコントロールし、学校や職場で問題なく暮らしている人も数多くいます。

□LD（学習障害）

学習障害は「Learning Disorder」の頭文字をとったもので、日本語に訳すと「学習障害」です。実は「DSM-5」からは「SLD：Specific Learning Disorder（日本語に訳すと「限局性学習障害」）」という名称が使われるようになったのですが、現在でも「LD」が一般的に使用されています。

知的障害がないにもかかわらず、「読字障害：文章を正確に読んで理解するのが難しい」「書字障害：文字を正確に書くことや、筋道を立てて文章を作成するのが難しい」「算数障害：暗算や筆算、数の概念などを理解することが難しい」といった特徴が1つまたは複数見られ、学習に支障をきたしている状態を指しています。

子どもの5～15%、大人の4%程度がLDであると言われています。子どもと成人の割合の差は、ADHDと同様に「成長するにつれて特性に応じた対処ができるようになった」と考えられます。また、LDには他の発達障害、特にADHDが併存することが多いと知られています。

▼生活環境の大きな変化によって「気づく」あるいは「気づかれる」

さきほど、ADHDやLDの解説の中で「特性に応じて適切に対処できるようになるため、子どもよりも大人の方が割合は低い」とお伝えしました。

ただ、その一方で、大人になって「自分は発達障害なのかもしれない」と気づく人も一定数います。また、大人になって周囲の人から「あなたは発達障害なのでは？」

と指摘されるケースもあります。

では、どんなときに「もしかして発達障害なのでは？」と思われることが多いのでしょうか。1つは、**生活環境が大きく変化し、それまでよりも大きなストレスがかかる状態になったとき**です。

たとえば、初めてのお子さんが生まれたとき。今までは夫婦2人、つまり大人2人で暮らしてきた状態では、あまり問題は見られませんでした。

けれども、赤ちゃんのいる暮らしになると、自分たちの予定どおりにいかない突発的な出来事や、何かをやりながら他のことをやるマルチタスクが飛躍的に増えます。そういう生活が始まったときに、パートナーが「あれ、もしかしてウチの人は……？」と気づき、夫婦で診療に来る人がいるのです。

あるいは、大学に入学して一人暮らしを始めたときです。それまでは実家暮らしで家事などは親がやってくれるし、高校では気心の知れた地元の友だちに囲まれ、時間割に従った毎日を送っていればよかったわけです。

ところが、一人暮らしを始めれば、炊事も洗濯も掃除も公共料金の支払いも、自分で行わなければなりません。また大学ではカリキュラムを選択し、自ら作ったスケジュールで行動する必要があります。コントロールすべきことが飛躍的に増えるのです。このような生活で壁にぶつかり、学校生活がうまくいかなくなったり、さらには留年になったりして「もしかして自分は……?」と外来を訪れる人もいます。

新しい環境というのは、たとえ定型発達者であっても、慣れるのにかなりの時間を要することがあります。予期していなかった困難な出来事にも遭遇するでしょう。そして、新しい環境で新しいことにチャレンジしてみたものの、うまくいかないということは、誰であっても当然起こり得ます。

得手・不得手がはっきりしている発達障害の場合、慣れるのにより多くの時間を要することがありますし、うまくいかないことがはっきりと出てしまうことも多いようです。周囲の人たちは、そのような認識を持ってサポートにあたると良いでしょう。

ここまでのまとめ

・発達障害は生まれながらの脳の特性。失敗やミス、コミュニケーションのす

れ違いが多かったとしても、本人の意思ややる気とは無関係であることを理解する
・子育てが始まったときや、新生活の時期などに、「発達障害の特徴が顕在化」しやすい

■発達障害の人が周囲から言われるとつらい言葉

▼「何度言えばわかるの？」「あなたは本当にだらしない」

「発達障害は脳の特性によるもの」という認識は、まだまだ世の中に認知されていないように感じます。

あるいは、頭では「発達障害は脳の特性によるもの」とわかっているものの、いざ当事者の「不可解な言動」を目にすると、彼・彼女たちに対して「自助努力で改善してほしい」と思ってしまう人もいるでしょう。

その結果として、発達障害の当事者は周囲からさまざまなつらい言葉をかけられる

ことになります。

たとえば、「**何回同じ間違いをしているの?**」という言葉です。同様の表現として「**何度言えばわかるの?**」もよく使われます。これらの言葉からは「本人の努力不足」という目で発達障害の当事者を見ていること、物事がなかなか改善しないことに対するいらだちやあきれ感が伝わってきます。

さらにエスカレートしていくと、生活習慣そのものを否定する言葉になっていきます。「**あなたは本当にだらしない**」「**あなたはいつも約束を守れない**」などや、「**人としてなっていない**」「**生きている意味がない**」などは、家族や友人といった関係の近い人がつい使ってしまいがちな文言です。

それがさらに行き着くと、人格否定のような言葉になることもあります。

たとえば職場で、上司がケアレスミスをした部下に対して「**お前、本当に大学出ているの? 何でこんな間違いをするの?**」と口にすることがあるかもしれません。上司は半ば冗談のつもりで言っている可能性もありますが、言われた側にとってはそれまでの自分の人生を否定された気持ちになるはずです。

「何回同じ間違いをしているの？」

「何度言えばわかるの？」

「何回も言わせないで」

「あなたは本当にだらしない」

「あなたはいつも約束を守れない」

「本当に大学出ているの？」

言ってはいけないひと言

それでは、周囲はどのように対処すべきでしょうか？

まず、当然のことですが、「発達障害は脳の特性によるもの」という大前提を再認識し、**こういった言葉を言ったところで何の問題解決にもつながらないことを**理解しましょう。

その上で、**「百害あって一利なし」のこのような言動をやめるべき**です。

そして、**「どうすれば現状を改善できるのか？」という点にフォーカスすることが重要**です。たとえば、「何回同じ間違いをしているの？」と思うのであれば、「二度と間違わずに済む方法はないか？」と当事者と一緒に考え、その方法を検討するのです。

▼「個性」という言葉で安易に片づけない

また、周囲の人たちから「個性」や「特性」という言葉を持ち出されるのは、悩みや苦しみを抱えている当事者にとっては快いことではありません。なぜなら、そのひと言で片づけられてしまっている気がするからです。

代表的な例は、**「発達障害は個性だからね」**という言葉です。発達障害という特性をどのように受け止め、受け入れるのか？ それは当事者自身が決めるべきものです。

たとえば、職場でマルチタスクがうまくできず、悩んでいる同僚がいるとします。そのときに同僚がかけてほしい言葉は「できないのはしかたないよ。それも個性だから」という突き放した言葉ではありません。

そうではなく、彼・彼女たちは、

- **問題や課題の解決法を知りたい**

　　　←

- **実際に仕事ができるようになり、悩みから解放されたい**

と望んでいるのです。

発達障害の当事者をサポートする上で「発達障害は個性、特性」という基本認識を持つことは重要である一方、「発達障害は個性だから」という声かけや、声かけをするだけで終わりとしてしまう〝思考停止〟のコミュニケーションは逆効果です。

ちなみに「発達障害は個性だからね」といった言葉の他にも、発達障害の当事者を傷つけることになる言葉がいくつかあります。

たとえば、**「発達障害に見えないね」**という言葉です。初めて自己開示をしたときに開示された側が「そうとは気づかなかった」と言うのは自然だと思います。けれども、発達障害とわかった後、当事者を気遣うためにこの言葉を使うことはやめましょう。

あるいは**「誰にでもよくあることだよ」**。励ますつもりで言っているのだと思いますが、無理解を象徴する言葉として受け取られる可能性が高いです。「誰でもそういうミスをするよ」と言われても、当事者からすれば「そんなに簡単なひと言で片づけな

「発達障害は個性だからね」

「発達障害だからしかたないよ」

「発達障害に見えないね」

「誰にでもよくあることだよ」

「○○すれば、発達障害が良くなるんじゃない？」

「何でも発達障害のせいにしない方がいいよ」

つい言いがちなひと言

いでほしい」という気持ちになるのです。

もっとも良くないのは、周囲の人たちが「わかったふり」をすることです。実際これまでの人生において、その当事者の人が受けてきた苦しみや悩みを理解し受け入れることは簡単なことでも容易なことでもありません。

発達障害の当事者の「不可解な言動」の「理由」までは「理解」できても、当事者の「不可解な言動」に関する悩みや苦しみの大きさまでは「理解」できないというスタンスでサポートをしてください。

ここまでのまとめ

・人格を否定したり、一方的に発達障害を理解したような発言に注意する
・何気なく発したひと言や、心ない言葉で傷ついて

いる当事者もいる
・「個性」「特性」という言葉ですべて片づけようとしない

■発達障害の人たちが周囲からとられるとつらい行動

▼集中しているときに中断を求められる

発達障害の当事者にとってつらいことの1つは、「何かに集中しているときにその行為を止められる」ということです。

具体例をご紹介しましょう。

スーパーに買い物に出かけたところ、試食コーナーで気になる販促グッズが目に留まった子がいました。夕ご飯の支度があるので、親としては早く家に帰りたい。そこで「早く行くよ」と手を引っ張ったところ、お子さんが床に寝そべって泣き出してしまった……。私のところへ受診されるご家族の中には、そのようなエピソードを話してくださる方がいます。

大人になれば、さすがに「床に寝そべって泣き出してしまう」といった行動はなくなっていくケースがほとんどですが、心情的には「集中しているときにその行為を止められる」ということに対して、ASDやADHDの人は大きな不快感を覚えます。

たとえば、電車の模型で遊ぶことに熱中しているASDのお子さんは、際限なく遊び続けることがあります。親の都合でやめさせようとしても、簡単に従わないことが多く、大声をあげて抵抗することもあります。

このような場合に、家庭や学校、職場

などで周囲の人がとるべき対処法としては、**「スケジュールや行動目的などを事前に伝えておく」**ということです。

たとえば、「今日は○時までに××に着くように行動します」といった内容を文字化し、共有しておきます。途中で何か別のことに意識がいってしまっても、その内容を再確認することで、当事者の行動修正を促せます。

とはいえ、「そのやり方ではうまくいかない」という声もあるでしょう。その場合は「途中で寄り道することもある」「途中で別のことに集中してしまう可能性がある」といった形で、スケジュールに余白時間をあらかじめ織り込んでおくようにしましょう。

▼本音と建前のコミュニケーションは難易度が高い

特にＡＳＤの人は、表情や態度から相手の感情を読み取るのが非常に苦手です。ＡＳＤの視線計測の実験のデータからも**「相手の顔を見ない、目を見ない」という傾向が顕著**です。このため、本音と建前のコミュニケーションを理解できません。

また、ADHDでも同様です。彼・彼女たちは非言語的なコミュニケーションができないわけではないのですが、相手の様子をじっくり観察することが苦手なため、結果としてASDと同様の問題が生じることがしばしばあるのです。

通院をしている人の中にも、そういう方が多くいますが、本人はそのことで悩んでいることもありますが、周囲とコミュニケーションのずれが生じていることに気づいていないこともあります。

ある企業の契約社員の男性を診療していたところ、その男性が「会社の上司との面談で働きぶりをすごく褒められた」と嬉しそうに話したことがありました。この人は、心身の不調で数ヵ月休職していましたが、復帰直後の面談でこのような上司の言葉があったのです。

ところがその2週間後、人事との面談では、「規定により来年の更新はできない」とクビを宣告されました。その会社では一定期間休職した場合、契約延長は行えない決まりになっていたとのことでした。

それでは、最初の上司の言葉はどう考えれば良いのでしょうか。上司が「あなたの良いところは何でも一生懸命やってくれるところだ」と褒めてくれたと言うのです。会社側は、残りの契約期間を大過なく終えるための社交辞令を言ったのでしょう。あるいはクビにすることは決まっていたので、多少本人を持ち上げておいたのかもしれません。本当に必要な人材であれば、契約を延長したと考えられるからです。

このような**本音と建前が異なるコミュニケーションを周囲がとった場合、発達障害の当事者に「本音」が伝わらない**こともときどき見られます。お世辞や美辞麗句も、そのまま受け取ってしまうのです。

▼曖昧な表現での指示はわかりにくい

これと似ている問題ですが、**ASDやADHDの人は「曖昧な表現」が非常に苦手です。**

日本語には無数の「曖昧な表現」、あるいは「婉曲な指示」が存在し、学校や職場での指示においても多用されています。たとえば、次のような指示のしかたです。

①締め切りが曖昧……「間に合うようにやっておいて」「今週のどこかで終わらせておいて」「空いた時間で対応してください」など

②ゴールが曖昧……「完成させておいて」「いい感じに仕上げておいて」「みんなが使いやすいように整理して」「納得できるところまでやってください」「必要なところだけ抜き出すこと」「頑張ってチェックして」など

③ボリュームが曖昧……「読みやすい量にまとめてくれる?」など

④プロセスが曖昧……「自分のやり方で」「方法は任せる」「わからないことがあ

ったら聞いてくれればいいから」など

上司にこのような曖昧な表現で指示されるとどうでしょうか？　経験を積み重ねた部下であれば、「上司が言う『間に合うように』は、商談の1日前という意味だな……ということは水曜日の夕方までだな」などと察することができるかもしれません。

けれども新人が「間に合うようにやっておいて」と指示されたら、たとえ定型発達者であろうと「いつまでにやればいいんだろう……？」となるはずです。発達障害の人の場合は、定型発達者の何倍も戸惑い、困惑してしまうのです。

周囲の人たちは、曖昧な表現での指示はやめた方が良いでしょう。

- 「そんなの常識でしょ」「言わなくても当たり前でしょ」「考えればわかるでしょ」といった言葉を使わないようにする

←

・できるだけ「数字」を盛り込んで指示をする

ということを心がけましょう。さきほどの「間に合うようにやっておいて」と指示した場合、「間に合う」の受け止め方は人によってさまざまです。

けれども「水曜日の午後4時までにやっておいて」と言えば、締め切りは明確になります。「読みやすい量にまとめてくれる?」ではなく「A4用紙1枚にまとめてくれる?」、「頑張ってみて」ではなく「1時間作業した時点で一度見せてくれる?」など、具体的な指示のしかたを考えてみてください。

それでもうまくいかない場合は、作業の工程をさらに細かくすることをおすすめします。

たとえば、「水曜日の午後4時までにやっておいて」ではなく、「月曜日の午後4時までにここまで、火曜日の午後4時までにここまで、そして水曜日の午後4時までにここまでやっておいて」と、**締め切りとゴールの設定を3段階にしてみる**のです。

▼よかれと思ってとった行動が逆効果になることも

また、周囲の人々が当事者によかれと思ってとった行動が裏目に出るケースもあるので注意が必要です。

ある小学校で、授業中に教室をうろうろと歩き回るADHDの児童がいました。担任の先生としては児童の将来を思い、厳しく注意をしました。授業中に立ち上がり、歩くことを禁じ、席も一番前に変更しました。児童は、いったんは落ち着いて着席するようになりました。

ところが、しばらくすると、歩き回る以上の行動をとるようになります。先生の目を盗んで、授業中に教室から〝脱走〟するようになってしまったのです。

なぜ、児童は〝脱走〟するようになってしまったのでしょうか？　これは、ある種の**「試し行動」**と考えることができます。

「試し行動」とは「自分は愛されているのか？」「どこまでなら許されるのか？」を、主として母親について確認するための行動のことです。「Limit Testing（リミットテスティング）」とも呼ばれていますが、怒られるような言動や不適切な言動を意図的にとり、相手の反応を見ているのです。

この「試し行動」は子どもの成長過程においてはよく見られる行動ですが、〝脱走〟は許容範囲を超えたものです。先生が厳しく注意し、禁じたせいで、大きな反動が起こってしまったわけです。

ＡＤＨＤでは子どもでも大人でも、衝動的に極端な行動をとりがちです。通常は抑制すべきところを抑制せずに、時には危険な行動でもしてしまうのです。子ども時代にケガが絶えなかったというケースは珍しくありません。

またＡＤＨＤについては、「だらしない」「何度同じことを言わせるんだ」というような叱責の対象になることがひんぱんにあります。子どもの対応によっては、激しい言い合いになり、暴力行為に進展するケースも見られたりします。

ある親子の場合、親が「片づけられない」「ものの置き忘れが多い」ということを問題にし、繰り返し本人に注意したところ、子どもが激昂《げきこう》してしまい、はさみで親を突きさし、怪我をさせたことがありました。**子どもなりに頑張っていてもどうしてもできないことがあると親が認める必要がある**のです。

その上で、**苦手なことに関しては「少しずつ心身を慣れさせていく」というスタンスで時間をかけて向き合いましょう。**授業中に教室をうろうろと歩き回る児童であれば、「まずは1分座れるようにする」「次に5分」……といった具合です。

また、何十分もイスにじっと座り続けるのは、たとえ大人であっても苦痛なものであるということを忘れないようにしましょう。学校の児童や生徒には難しいことを強いているのだという前提に立ち、教室内では「その児童に、離席することを可能にする具体的な役割を与える」「『イスに座らなくても別に良い』という緩いルールを設ける」などの工夫をするのも良いと思います。しかし、どうしても通常学級で対応できない場合は、支援学級の利用も検討すべきです。

なお、「試し行動」に走るケースは、子どもだけでなく、大人の世界でも起こっています。部下がケアレスミスをするたびに、上司が「何度同じ間違いをしたら気が済むんだ！」と怒鳴る。「いいかげんにしろ！」「オレを馬鹿にしてるのか？」「明日から出社しなくていいぞ！」など、叱責の言葉はエスカレートしていきます。やがて部下は、「自分は必要とされているのか」「どこまでなら許されるのか」を確認するために、わざと仕事をサボタージュする——といったケースです。

学校の先生、職場の上司など、目上の立場の人間は、子どもや部下を心理的に追い込まないよう気をつける必要があります。また、このような問題行動は、必ずしも意識的に行っているものとは言えないことを認識してください。

▼「誤った行動」を「誤った行動」のまま放置しない

また、周囲の人たちがサポートのしかたを誤ってしまうと「誤学習」につながる恐れがあります。

「誤学習」とは、不適切な行動を正しい行動として誤って理解してしまうことです。

これは、その時の状況に合わせて行動するのではなく、「以前やったらうまくいった」という経験や「自分にとって都合良く解釈したこと」を元にしているという意味です。

たとえば、「以前、自宅で過ごしているときに親に構ってほしくて泣きわめいたら、すぐに構ってくれた。だから、ショッピングモールでも自宅と同じように泣きわめいた」といった行動です。ASDの人は、強いこだわり、想像力の欠如、認知の歪みなどによって、「誤学習」をしやすい特性があります。一方ADHDの人は、思い込みや早合点によって、「誤学習」が助長されています。

このような「誤学習」の再発を防ぐには「**以前はうまくいったが、今回はうまくいかない」という実体験をしてもらう**ことが必要です。周囲の人からの「こういうときは、こうすればうまくいくよ」という言葉によるアドバイスでは、ASDの人も、ADHDの人も、なかなか受け入れようとしないからです。

たとえば、発達障害の部下の人が「以前、締め切りを過ぎてから書類を提出しても『提出ありがとう』と言われたので、今回も締め切り後に提出すればいいや」という

「誤学習」をしているようであれば、上司はその「誤学習」を容認すべきではありません。

「前回はOKしたけど、今回は必ず締め切りを守ってください。締め切りは金曜日の16時なのでよろしく」としっかり言語化するべきなのです。そして、万が一締め切りが守られなかった場合は、「あなたが締め切りを守らないと、他の仕事にこういう悪影響が出る」など問題点をしっかり伝えるべきであり、場合によってはペナルティも必要です。

■当事者の自己開示

▼悩みの深さ、苦しみの大きさは、当事者にしかわからない

本書では、発達障害の当事者の周りにいる人たちの参考になるような対処法について解説してきました。

けれども、発達障害の人が生きやすい環境を作る上での起点は「周囲の人たちのサ

ポート」だけではなく、「**当事者の自己開示**」が必要となることがあります。当事者が大人の場合、特にそう言えます。

なぜでしょうか？

発達障害の人の悩みの深さ、苦しみの大きさは、当事者にしかわからないものがあります。

人間は誰しも、自分の感覚を物差しにして物事を測ろうとします。

けれども、自分の中の「当たり前」と他人の「当たり前」は、実はまったく異なります。自分の中の「簡単」と他人の「簡単」も、自分の「悩み・苦しみ」と他人の「悩み・苦しみ」も、異なります。体感温度の違いで考えてみましょう。25℃設定のエアコンの部屋にいても、ある人は「寒い」と感じ、ある人は「暑い」と感じるのです。

物事の捉え方、感じ方はすべて、「その人にしかわからない」ものです。周囲の人たちも、その前提に立ってコミュニケーションをとることが必要です。

発達障害の当事者の悩みや苦しみは、わかりやすく目に見えるものばかりではありません。周囲から気づかれないことも多いのです。そして、たとえ気づかれたとしても、悩みの深さ、苦しみの大きさは周囲の人の想像とまったく異なるかもしれません。

ですから、周囲の理解のために、当事者は自分の悩みの深さや苦しみの大きさを何らかの方法で伝える必要があります。ときには家族や友人など近しい人たちの協力を仰ぎながら、**「理解してもらいたい相手」に自分自身の悩みや問題を認識してもらうべき**なのです。その上で、**「何をしてもらったら助かるのか？」「どんなサポートをしてもらえたら嬉しいのか？」を伝える必要がある**のです。すべてはそこから始まります。

しかしながら、悩みや問題の開示は、多くの人にとって苦痛であり、難しいことであることは認識しておく必要があるでしょう。症状や問題を明らかにすることは、自分の弱さの表明と考える人もいるわけで、身近な人にもなかなか相談できないことは珍しくありませんし、病院を気軽に受診することも難しいのです。自分の「秘密」を開示などしたくないという人も珍しくないでしょう。

一方で、周囲の人たちは、自分の感覚や常識を絶対的な物差しにしないことです。当事者の訴えに対して、「自分はそんなの全然気にしないけど……」「世の中でそんなこと言う人はいないけど……」といった自分中心の考え方や物の見方を、いったん捨てるべきです。

さらに、当事者の訴えを無理に理解しようとする必要はありません。**「正直、自分はその感覚はまったくわからないけど……」で良いのです。わかろうとしなければいけないのは、「相手が何を望んでいるか？」**です。「何をしてもらったら助かるのか？」「どんなサポートをしてもらえたら嬉しいのか？」という点に耳をすまし、目を凝らすことが重要です。

ここまでのまとめ

- 当事者には、スケジュールや行動の目的をあらかじめ伝えておこう
- 建前のコミュニケーションでなく、明確に内容を伝える
- 「なんとなく、よしなに……」というような曖昧な指示は控える

・ビジネスシーンでは、締め切りとゴールの設定を何段階かに設定することも有効

・親の「よかれと思って」が、子の暴走を生むこともある。何ができて、何が苦手なのかを認識し、きちんと認めてあげる

・誤学習を防ぐためにも、体験を伴ったかたちでトライ&エラーの機会を与える

・発達障害に関わる一人一人の痛み、悩み、苦しみには個人差があり、他者には計り知れないもの。自分の感覚や常識を物差しにしないことが大切

・当事者の気持ちを完全に理解する必要はない。相手が望んでいること、求められているサポートについて、わかろうとする努力が大切

第4章

ともに生きやすくするための処方箋

■仕事や学習を進める上で意識したいこと

発達障害の人にとって、ビジネスなどのコミュニケーション場面で不得意なことの1つは**「口頭での情報共有」**です。脳の特性上、集中が難しいことに加えて短期記憶が保持されにくく、話されたことをすぐに忘れてしまうからです。

ですから、上司は発達障害を持つ部下に対し、教師は生徒・児童に対し、**「文字や動画で情報共有をする」**というスタンスでコミュニケーションするのが良いと思います。

▼文字にして指示を出す

たとえば、「今日のうちに終わらせてほしい作業」を指示する場合。上司は、発達障害の部下に「今日は、これとこれとこれをお願いします」と口頭で伝えるのではなく、「今日は、この紙に書いてある3つのことをお願いします」と言って、紙に書いて渡した方が良いでしょう。

あるいは、「今から私が言うことをメモしてください」と言って、口頭で指示したことを本人に書き留めてもらうことも有効です。このとき、焦って書かせてしまうと後で読めない字になってしまうので、急がさず、ゆっくり書いてもらうようにしましょう。

ただし、「紙を渡す」「メモをしてもらう」というだけではうまくいきません。**「1日に3回以上メモを読み返してもらう」「1つの作業が完了するごとに横線を引くなどして消していく」**という行動を習慣づけることが大切です。やりっぱなしで放置されてしまうことが多いので、確認する癖をつけなければ効果はありません。周囲の人は、これらの習慣づけの段階までサポートを行いましょう。

▼動画にして情報を共有する

また、動画で情報共有するのもおすすめです。特に、何度も繰り返し行う作業に関しては、行動の手順をスマホなどで動画撮影し、大事なポイントがわかるように編集して、スマホやパソコンでいつでも見られるようにアップロードしておくと便利です。

もしも、動画の作り込みは「できる人がいない／面倒だ／お金や時間がない」といった理由で難しいのであれば、「指示や説明を動画撮影しておく」だけでも十分有効です。iPadなどを1台用意し、指示や説明をしているところを誰かに撮影しておいてもらいます。そして、「わからないことが出てきたら、さきほど撮影した動画を、このiPadで見直してみてください」と伝えるのが良いでしょう。


動画は、発達障害の当事者に情報を伝える上で有効性が大きく、発達障害者の支援機関も動画を有効活用しています。その代表例が、株式会社「Kaien《カイエン》」です。「Kaien」は、2009年に創業し、就労移行支援事業や自立訓練（生活訓練）を行っています。これまで約2000人の就労をサポートし、実績のある支援機関です。

この「Kaien」はYouTubeで『発達障害×仕事・自立の最新情報がわかるKaien公式チャンネル』を運営しており、そこにはさまざまな動画がアップされています。特別セミナーのコーナーでは、「ADHDならではの片付け法」や「発達障害の当事者の〝お金のプロ〟が教える『買い物依存／浪費対策』」などの動画があり、私自身も「医師に聞く『発達障害と家族』カサンドラ・不登校・親子関係を中心に」という動画に出演する機会がありました。

これらの動画を見ることによって、テロップの入れ方、イラストの使い方など、発達障害の人に情報をわかりやすく伝えるための重要な点がよくわかると思いますので、ぜひ利用してみてください。

▼「スピードを落とす」コミュニケーションも重要

また、発達障害の人とコミュニケーションをとる際に、周囲の人たちが心に留めておきたいのは「意識的にスピードを落とす」ということです。

仕事や学習の指示や説明を受ける際、ASDの人も、ADHDの人も、「言われたことの1つ1つはそんなに難しいことじゃない」と感じているケースが大半です。けれども、短期記憶が保持されにくい特性などにより、「まずこれをやって、次にこれをやって……」と次々に指示や説明が進んでいくと、心の中で〝ん？ その前になんて言っていたかな?）となってしまうわけです。

そして、（いけない、いけない。今言っていることを聞かなきゃ）と焦れば焦るほどパニックに陥ってしまい、頭の中が真っ白になってしまうのです。彼・彼女たちの多くは、複数の物事を同時に処理することが苦手です。さらに、それらを順序立てることも不得手にしているので、十分な配慮が必要になります。

これは、外来を受診しているADHDの大学生のケースです。彼はいわゆる名門私立大学に通っていて、飲食店でアルバイトをしています。その彼は、「食事を終えてレジに並ぶ人が多くなると、急に頭が真っ白になって何が何だかわからなくなります」と言っていました。焦って釣銭を間違って渡すこともたびたびあったようです。彼には、「お客様を待たせておいても、問題はない」と伝えましたが、発達障害の当事者に焦りは禁物なのです。

ですから、周囲の人が指示や説明をする際は、**「ゆっくりと説明する」「次の説明に移る前に『ここまでは大丈夫ですか?』と確認をする」**などの工夫をすると良いでしょう。

また、実際の作業に移ってもらってからも、慣れるまでは急がさないこと。作業をする側（当事者）も、作業を見守る側（周囲の人たち）も、「ゆっくり徐々に」が基本です。

ここまでのまとめ

- 当事者に指示や情報共有をするときは、文字や動画を活用する
- 物忘れ防止用のメモを書いてもらうだけでなく、習慣づけのサポートまでできるとよい
- 何かを依頼するとき、早口は控え、ゆっくりと丁寧なコミュニケーションを意識する

■居心地の良い環境を作るために

▼「他の人と同じでなくてはいけない」という〝ルール〟を撤廃する

発達障害の当事者と周囲の人たち、お互いにとって居心地の良い環境を作る上でま

ず重要なのは、「他の人と同じでなくてはいけない」という〝ルール〟にこだわりすぎないことです。

「感覚過敏」の1つである「聴覚過敏」の場合、大半の人には何でもない音量で聞こえる音が大きく聞こえたり、耳に響いたりして、音が耳に入ることに苦痛や不快感を覚えます。

わかりやすくたとえるならば、ほとんどの人がちょうどよいボリュームと感じているラジオを、1人フルボリュームで聴いているような状態です。では、聴覚過敏の特性を持つ人が学校や職場で音を気にせずに過ごすためには、どうすれば良いのでしょうか？　ここで解決策の1つとしてご紹介するのが、**イヤーマフをつける**ことです。ちなみに、感覚過敏に有効な薬物療法はありません。

イヤーマフは、耳全体を覆うタイプの防音保護具のことです。もともとは工事現場、飛行場、射撃場、モータースポーツのサーキットなど、騒音が大きい場所で行動する人の耳を守る道具として使用されていました。高い防音効果があることが聴覚過敏の特性を持つ人たちに知られるようになり、近年では着用する人が増えてきました。

　仮に、職場や学校に聴覚過敏で悩む人がいるとしたら、

「音が気になるときはイヤーマフをつけてもいいですか?」

「もちろん着用していいですよ」

　という合意がなされれば、それでOKです。このとき職場の人が「他の人と違う恰好はダメ」とか、学校関係者が「特別なものを持ち込んではいけない」と言い出してしまったら、お互いにとって居心地の良い環境は作れなくなってしまいます。

　皮膚に触れるものに対して過敏に反応する触覚過敏者であれば、「みんなと違う服装でもいい」、多くの人が不快に感じない量の光、色であっても不快に感じてしまう視覚過敏者であれば「サングラスを着用してもいい」、匂いに対して敏感な嗅覚過敏者であれば「マスクをしてもいい」、特定の食物の味、匂い、食感に対して強い嫌悪感を示す人には「給食を無理して食べなくてもいい」……そんなふうに〝ルール〟に対して寛容になれると良いでしょう。

　私が長年担当しているADHDの女性の話をご紹介します。その女性は、工作機械

の部品メーカーに就職しました。
自分の趣味でHP作りを独学していたところ、会社から「自社の通販サイト作りを担当してほしい」と言われ、通販サイトの制作担当となりました。このサイトのおかげでその会社の売上は飛躍的に伸び、今では彼女は会社になくてはならない存在となっています。
ただ、彼女はオフィスに通勤し、デスクに座って仕事をするのがとても苦手で、聴覚過敏も見られました。会社に対しては、自分自身がADHDであることや通院して薬を飲んでいることを伝え、会社もさまざまな配慮をしてくれていました。

けれども、仕事が忙しくなり長時間会社にいなければならない日が続いたため、ある日とうとう「私はこれ以上通勤して働くのは無理です。今のままなら、続けられません」と会社に打ち明けたそうです。すると会社側は「基本はリモートワークでいいから会社に残ってほしい」と〝特例〟を認めてくれました。彼女は現在、週3回程度はリモートワークをしながら、無理なく、生産性の高い仕事を続けています。

ただし、1つ大事なことがあります。この女性の例が示しているように、当事者の自己開示が重要だということです。さらに、会社と当事者の信頼関係も必要となります。

第3章でも書きましたが（P162参照）、発達障害の人が生きやすい環境を作る上での起点は「周囲の人たちのサポート」ではなく、「**当事者の自己開示**」です。会社側としても例外を認めるには、それなりの理由が必要なのです。

ですから、当事者のほうから「自分はこんな悩み・苦しみを抱えている」「こういう状況のときに、身体や心がこんなふうに苦しくなったり、痛くなったり、気持ち悪くなったりする」といったことを、周囲の人たちに具体的に伝えることが求められます。その上で、当事者と周囲の人たちで一緒に対処法を見つけていきましょう。

ただし、自分の障害の開示というのはつらく難しいことであるとともに、誰に開示すればよいか、どの範囲まで開示すべきかという点を事前に十分に検討することが重要になります。実際、自己開示の後、周囲から「障害者」と見られてかえってつらい思いをしたというケースも見られています。会社の健康問題に関するリテラシーが問われることになるのです。

▼「できる／できない」の境界線をはっきりさせる

これは当事者の自己開示にも関連してくることですが、お互いにとって居心地の良い環境を作るためには、**「できる／できない」の境界線をはっきりさせておく**ことも重要です。

さまざまな工夫によって、発達障害の当事者の「できること」を増やしていく――

それはとても素晴らしいことだと思います。発達障害のお子さんがいる親御さんの場合、「何とかできるようになってほしい」という想いを強く抱くのも当然でしょう。

けれども一方で、**「いくら頑張ってもできないことはある」という割り切りは必要で**す。その割り切りによって、「できないこと」と「できること・できそうなこと」の見極めが可能になり、適正なところに努力を振り向けられるようになるからです。職場・学校・家庭など、さまざまな場所で、「できる／できない」という境界線がはっきりしていると、サポートしてもらう側も、サポートする側も、お互いにやりやすくなります。

また、「できる／できない」の境界線をはっきりさせておくことと関連して、周囲の人たちは「叱りすぎない」という姿勢を持っていた方が良いでしょう。ただ、危険なこと、他の人と軋轢《あつれき》が生まれることなどに関しては、そのつど注意すべきでしょう。

けれども、繰り返して叱責することで、叱る側が感情的になったり、叱られる側が強い拒否反応を示してしまったりすることも見られ、叱るという行為自体が逆効果になってしまいがちです。当事者を注意してもなかなか行動が改善されないのであれば、「当事者がその行動をとっても危険や不快にならないような環境やルールに変えられないか?」を模索する方が良いでしょう。

▼情報を遮断しない

また、「発達障害の当事者にだけ情報を伝えない」ということは、やめなければいけません。なぜなら、特に学校ではそれが仲間外れの始まりとなり、いじめの原因にもなるからです。

たとえば、職場で上司が「○○さんに伝えても、どうせちゃんと聞いていないから、あの人には別に伝えなくてもいいよね」と言っていたりしないでしょうか? あるいは学校で先生が「××君は今教室にいませんが、いつものことなので連絡事項をお伝えします」などと話をしていないでしょうか?

たとえ無意識や冗談であっても、このような進め方は絶対に避けるべきです。上司や先生などのリーダー的存在の人が「情報の遮断」をすると、「あの人は組織や仲間の一員ではない」という認識が醸成されます。こういった雰囲気は発達障害の当事者と周囲の人たちの両者にとって居心地の良いものではありませんし、「除《の》け者にしていい」という集団心理は、残酷で陰湿ないじめや、当事者を排除する方向へどんどんエスカレートしていきます。

そうなることを防ぐためにも、リーダー的な存在の人は「**誰もがその情報に触れることができる**」**環境や仕組み**を作りましょう。もしも本人が不在の場合は、「後で必ず伝える」などの配慮が必要です。

▼障害者雇用の現状や今後の方向性について学ぶ

発達障害の当事者と周囲の人たち双方とも、世の中の大きな流れやキーワードについて理解しておくことが求められています。

その代表的な事柄が障害者雇用です。障害者雇用については、「事業主は一定割合以上の障害者を雇用しなければならない」という点を知っておくことは重要です。

これは、一般の方と障害者の雇用機会を均等にすることを目的としていて、民間企業だけでなく、地方自治体などの行政機関でも法定雇用率の達成が義務づけられています。2018年4月の障害者雇用促進法の改正から、発達障害を含む精神障害のある人も雇用義務の対象となりました。法定雇用率未達成の場合は、ペナルティが科せられます。

厚生労働省のHPによれば、

従業員が一定数以上の規模の事業主は、従業員に占める身体障害者・知的障害者・精神障害者の割合を「法定雇用率」以上にする義務があります。（障害者雇用促進法43条第1項）

民間企業の法定雇用率は2・5％です。従業員を40人以上雇用している事業主は、障害者を1人以上雇用しなければなりません。

とあり、2024年4月から2・5％、2026年4月からは2・7％と段階的に引き上げられることが決まっています。

ですから、

- 企業、あるいは雇用者は法定雇用率の達成を1つの目標として、発達障害の人にとってより働きやすい環境を作っていく
- 発達障害の当事者は、法定雇用率の段階的引き上げによって門戸が広がった就職機会を有効活用し、活躍の場を広げていく

ことが望ましいわけです。

また、近年では「**ニューロダイバーシティ**」という考え方も注目されています。

「ニューロダイバーシティ（Neurodiversity）」とは、発達障害を「脳の優劣ではなく、脳や神経の違いによる個性と捉えるべきだ」とみなす概念です。「neuro（神経）」と「diversity（多様性）」を組み合わせた造語で、日本語では「脳の多様性」「神経多様性」などとも訳されています。

ニューロダイバーシティは、1990年代初頭に発足した当事者グループ「Autism Network International（国際自閉症ネットワーク）」のインターネット上のニュースレタ

ーから始まったと言われています。

つまり、ASD（1990年代当時は「自閉症」と呼ばれていた）の当事者によって始まった権利運動だったのですが、その後にADHDや、後天的な精神障害である双極性障害や統合失調症の当事者にも唱えられる概念となり、市民権を得るようになりました。

現在、欧米諸国では、ASDやADHDの人たちのポジティブな側面に注目し、「その特性を仕事の現場で活かしてもらいたい」という考えのもとに人材採用を行う企業が増えつつあります。また、日本の先進企業でも同じような取り組みが行われるようになりました。

ニューロダイバーシティの概念は今後も注目されていくと考えられるので、発達障害の当事者も、周囲の人たちも、歴史的経緯や世界的な動向について学んでおくことは有用でしょう。

さらに、**「AIの進化」**にも期待したいところです。

日本における発達障害人材の先進的な活用事例

業界	企業名		取り組みの概要
先進企業	IT	グリービジネスオペレーションズ	定型業務からクリエイティブな業務まで、発達障害人材の活躍の幅を拡大
		デジタルハーツ	発達障害のある方を含むゲーマー・引きこもり人材からゲームデバッガーやエシカルハッカーへと育成
		ヤフー	合理的な配慮はしつつも特別扱いはしないという方針のもと支援体制を構築し、活躍を促進
	非IT	アデコビジネスサポート	高い業務品質を維持し、分析業務や顧客フロント業務などの新しい職域の開拓を推進
		サントリーホールディングス	やってみなはれの社風を活かし、一人一人の可能性を拡げ、150を超える職域を開拓。社員との接点も大切にしながら業務の幅を拡大
		ソフトバンク	ショートタイムワーク制度を導入し、多様な職場で柔軟に特性を活かして働くことのできる機会を創出
支援企業	発達障害特化型	Kaien	受入企業へのサポートスタッフの派遣を通したメンタルケア・業務設計支援を提供。長期的な活躍の場を創出
	発達障害非特化型	パーソルチャレンジ	先端IT領域のスキル習得支援により、戦力として活躍する人材輩出の仕組みを構築・運営

出典：NRI「第308回 NRIメディアフォーラム：デジタル社会における発達障害人材の更なる活躍機会とその経済的インパクト～ニューロダイバーシティマネジメントの広がりと企業価値の向上～」(2021年4月21日)

たとえば、コミュニケーションが苦手で親や先生、友だちと話ができなかった人がAIに気軽に相談できるようになったり、上司からの指示を忘れてしまった人がAIに手順を教えてもらったり……といった世界が、今後到来するかもしれません。

このようなことが次々と可能になれば、発達障害の人が長年抱えてきた悩みや苦しみを軽減できるようになります。周囲の人たちは、職場などにおけるAIの有効活用法にも目を向けておくと良いでしょう。

ここまでのまとめ

- 悩みを抱える当事者の要望に応じて、イヤーマフの着用許可など、居心地の良い環境作りを検討する
- 働き方に柔軟性を持たせられれば、個人の才能開花にもつながる
- 何ができて、何が難しいのかという線引き、割り切りが必要でもある
- 「当事者には情報を伝えない」のは気遣いではなく、マイナス面が大きい
- 国内外問わず、当事者が活躍できるための政策・施策も推進されている

- 当事者同士が、当事者にしか共有できない悩みを話し合える
- 当事者が「悩んだり困ったりしているのは自分だけではない」と思える
- 他の入会者からの新しい情報や有用な情報に触れることができる
- 当事者および当事者をサポートする人(家族など)の居場所ができる
- 当事者および当事者をサポートする人(家族など)同士で、お互いの実生活での工夫を共有できる
- 他の支援機関と連携しており、それらの機関にも協力を仰ぎやすくなる
- 医師や専門家を講師に招き、特性や治療について学ぶ機会を設けている団体もある
- 困ったときに電話などで相談に応じてくれる団体もある
- 1人では踏み出しにくかったチャレンジ(旅行体験や生活訓練など)を、当事者同士で行う機会を設けている団体もある

当事者団体に入るメリット

■社会とのつながり方を考える

▼当事者団体への参加

社会とのつながりを作っていく方法の1つとして、**「当事者団体に参加すること」**が挙げられます。当事者団体とは、疾患や障害を抱える当事者（あるいはその家族や関係者）が中心となって結成した組織です。発達障害関連の当事者団体も数多く存在しています。

当事者団体に入るメリットとしては、上の表に示した点が挙げられます。

ただし、当事者団体に入会する際に1つ注意すべき点があります。それは「当

事者だけで運営している団体は避けた方がよい」ということです。これは長年、「NPO法人えじそんくらぶ（下記QRコード参照）」というADHDの当事者団体の代表を務める高山《たかやま》恵子《けいこ》さんのアドバイスです。

高山さんは、昭和大学薬学部卒業後、幼児・児童教育について専門的に学ぶためアメリカに留学されました。その際、大学で受けた講義によって、ご自身がADHDであることがわかったそうです。そして、帰国後の1997年に仲間とともに「えじそんくらぶ」を設立。2002年にNPO法人となり、現在に至っています。

では、発達障害の当事者団体としては長い歴史のある「えじそんくらぶ」の高山さんは、なぜ「当事者だけで運営している団体には入らない方がよい」と言うのでしょうか？　理由は大きく2つあります。

1つめは、**「その団体の運営が長続きしないから」**ということです。高山さんご自身の言葉を借りれば、「ケアレスミスも多いし、忘れ物も多いし、スケジュールを立てるのも苦手というADHDの人たちだけでの組織運営は難しい」というわけです。

実際、「えじそんくらぶ」でも、ADHDの特性が見られない定型発達者の人に運営に加わってもらい、お金の管理やスケジューリングなどをサポートしてもらっているそうです。

もう1つは、**「当事者同士の揉め事が生じた際、介入・仲裁してくれる第三者が必要だから」**という点です。同じ悩みや苦しみを共有する人の集まりですから、相手に対する親近感は比較的強いものがあります。昭和大学附属烏山病院で行っているデイケアのグループにおいても、「趣味・嗜好《しこう》が合う友だちが見つかった」と喜ぶ方もたくさんいます。

ただ、こだわりの強いASDの人や、はっきりとものを言うADHDの人は、対人関係でぶつかってしまうことが多いのも事実です。そのため、揉め事が起きた際に「まあまあ」と止めてくれたり、何かトラブルに発展しそうな気配があったときに「あの2人は一緒にいない方がいいかな」と気遣ったりしてくれる存在が必要です。「えじそんくらぶ」でも、そのような役割の人が運営に加わっているのです。

家だけ、学校だけ、地域だけ、職場だけ……という毎日では、生活範囲が狭く、社会との接点も少なくなり、当事者もサポートする人も行き詰まってしまう可能性があります。全国各地に発達障害の当事者団体は存在します。HPなどにアップされている運営方針を読んだり、実際に見学に行ったりしながら、「ここは良い」と思った当事者団体を利用することを検討してみましょう。

▼ネット掲示板で悩み相談をしない／SNSに関わりすぎない

インターネットは社会とつながる上で非常に便利な道具ではあるのですが、インターネットとの付き合い方に関しては慎重になるべきでしょう。特に注意したいものが2つあります。

1つめは「ネット掲示板で悩みを相談しないこと」。

たとえば、「発達障害　〇〇」といった検索ワードで掲示板を探し、そこに親や身近な人に言えない悩みや苦しみを書き込む。すると、その検索ワードに興味・関心を示した人が回答するわけですが、「相談者も回答者も当事者で、お互いの言葉を額面どおりに受け取ってケンカにまで発展してしまった」「正論ばかりの回答が返ってきて落ち込み、自己肯定感がさらに下がり、具合まで悪くなってしまった」「やさしく相談に乗ってくれていたので良い人だと思っていたら、恋愛詐欺や投資詐欺に遭ってしまった」など、昔からトラブルが絶えません。

ネットの掲示板は、無料ですし、いつでも相談できるので、つい利用してしまうこともあるでしょう。また相手が見知らぬ人なので、逆に相談しやすいという面もあると思います。

けれども、「ネットの掲示板で相談して良かった」という感想は、あまり聞いたことがありません。かえって具合が悪くなったとか、しつこく連絡がきてこわかったというケースも存在しています。本当に悩みを解決したいのであれば、顔の見える信頼できる専門家を頼りましょう。

2つめは「**SNSに関わりすぎないこと**」です。私が担当している人にも、「X（旧Twitter）で投稿したら、自分の顔見知りから不快なコメントを書き込まれて揉めた」という方がいましたが、その人は、これまでに何度もSNS絡みでトラブルを経験しています。個人間の揉め事にとどまらず、根拠のない誹謗中傷を拡散されたことも何度かあったということです。

医師としては、「できればSNSと関わるのをやめなさい。せめて投稿するのをやめたらどうですか？　良いことはないですよ」とアドバイスをしていますが、つらい経験をしているにもかかわらず、なかなかやめられないようです。

SNSを見ていれば、他の人のコメントが気になるし、自分でも投稿したくなってしまうでしょう。最終的には、「スマホからアプリを削除する」「使用制限をかける」などの仕組みでSNSと距離をとることが必要になることもあります。

▼自己解決しようとせずに、支援機関の協力も仰ごう

現在、日本には、発達障害に関するさまざまな支援機関があります。発達障害に悩む大人の方の場合、次のような専門機関の支援を受けることができます。

発達障害者支援センター

「発達障害の早期発見と早期支援」を目的とした専門的機関です。都道府県・指定都市、または都道府県知事などが指定した社会福祉法人、特定非営利活動法人などが運

営しています。

発達障害者とそのご家族が豊かな地域生活を送れるよう、保健、医療、福祉、教育、労働などの関係機関と連携し、地域における総合的な支援ネットワークを構築しながら、発達障害者とその家族からのさまざまな相談に応じ、指導と助言を行っています。

確定診断が下りていなくても、発達障害の可能性がある方であれば窓口での相談が可能です。生活上の相談の他、就業相談（ハローワークなどとの連携により求人に関する情報提供、就業先への障害特性に関するアドバイスなど）を行っているセンターもあります。

就労移行支援事業所

国からの補助を受け、障害のある方やさまざまな疾患の方の就職・復職（リワーク）を支援する施設で、基本的には障害者雇用による就労を目的としています。週に4〜5回、数ヵ月以上通いながら、就職するために必要なスキルの習得を始めとするさまざまなサポートを受けられます。障害者手帳を持っていない人でも、医師の診断や定期的な通院があれば、自治体の判断によって利用できる場合があります。

現状では、就労移行支援の施設は乱立気味で玉石混淆《こんこう》の状態ですが、前述したKaienのように発達障害に特化した施設もあり、当事者の社会復帰、就労に重要な役割を演じています。利用にあたっては、事前に施設の内容を確認することに加えて、自宅から数ヵ月以上通所が可能かどうかも検討しましょう。

障害者就業・生活支援センター

「障害者の雇用の促進及び安定を図ること」を目的として、全国に設置されている施設です。

- 求職相談、職場定着相談、生活相談、職場の環境改善などの各種相談
- 求職活動支援のため、公共職業安定所、事業主などとの調整
- 職業準備訓練のあっせんや実習先との連絡調整

などの支援を行っています。

ハローワーク

国（厚生労働省）が運営する公共職業安定所で、全国500ヵ所以上に設置されていますが、ここでも発達障害者の人に対する就労支援を行っています。

「すぐにでも就職したい」「具体的な就職先を紹介してほしい」という人には、職業相談や、関係機関と連携した「チーム支援」による就職の準備段階から職場定着までの一貫した支援を行っています。「じっくり相談に乗ってほしい」という場合には、「発達障害者雇用トータルサポーター」を配置し、カウンセリングなどの就職に向けた支援とともに、事業主に対しては発達障害の就労における相談援助なども行います。なお、大学生が「少しずつ就職に向けた準備を進めていきたい」と思った場合、ハローワークには「雇用トータルサポーター（大学等支援分）」が配置されています。また、求人者と求職者が一堂に会する「就職面接会」、事業主と3ヵ月の有期雇用契約を締結して働く「障害者トライアル雇用」も実施されています。

精神保健福祉センター

精神疾患がある人のサポートを目的に、精神保健福祉法によって各都道府県に設置されている機関です。精神疾患に関連する問題を抱える当事者や家族からのさまざまな相談を担当しています。東京都や神奈川県では「こころの電話相談」を設置し、専門の医療機関または相談機関に関する情報を提供するとともに、対面での相談事業、グループワーク、ホテルの運営も行っています。

このように、就職支援、生活支援の機関は全国各地に設置されています。病院での診療以外に、相談機関の利用も検討してみてください。

ここまでのまとめ

- 当事者団体への参加が、新たな気づきや出会い、交流につながる
- SNSとはほどよい距離感で付き合おう
- 困ったら、地域・国の支援機関に相談することも検討を

おわりに

発達障害のある人の人生は
周囲の人たちからの「愛情」で大きく変化する

「親や先生など周囲の人たちが愛情を持って接するかどうかで、発達障害の人の人生は大きく変わる」――。これは、ADHDの当事者団体「えじそんくらぶ」（P188参照）代表・高山恵子さんの言葉です。高山さんによれば、発達障害の特性を持っていたとしても、周囲から愛情を持って育てられた子とそうでない子との間には、歴然とした違いがあるのだそうです。

「はじめに」でも書きましたが、**発達障害の特性は「育て方」が原因で表れたわけではなく、あくまでも先天的なものです。**

けれども、**発達障害の人の人生は「愛情」という後天的な要因で大きく変化するので**

す。

では、「愛情を持って接する」とはどういうことなのでしょうか？　重要な点は、「甘やかす、過保護にする」ということではなく、**「社会に出たときに自立できるか？」という視点で周囲が見守り、関わること**でしょう。

小児期や思春期から長年診療を担当してきた人の中には、ＡＳＤやＡＤＨＤの特性に悩み、苦しみ、さらに不登校や引きこもりの時期がありながらも、成人になって社会で活躍している人が多数います。

ある人はブライダルコーディネーターとして、別の人は映画製作者として第一線で仕事を担当していますし、経営者として新規の事業を起業したケースもあります。

いわば再チャレンジに成功した人たちに共通しているのは、当事者本人の奮起や努力も大きいですが、周囲の人たちの温かさと粘り強さです。彼らが「好きなこと、得意なこと」を見つけ、自分の道を見つけられるまで、そばに寄り添い見守ってきたのです。

読者の中には、我が子の行く末を案ずる親御さんも多いでしょう。けれども、焦って性急に結果を求めてはいけません。ゆっくりと歩んでいきましょう。時間はかかりますが、日々の愛情の積み重ねによって、良い方へと向かっていくことが可能となるのです。

本稿の執筆にあたり、昭和大学の先生方やスタッフからは、貴重な意見を伺えました。また、日頃接している当事者のみなさんには、常に重要な示唆をいただいています。最後に、SBクリエイティブ株式会社の学芸書籍編集部、大澤桃乃さんの多大な励ましにより、本書の執筆が可能となりました。ここに感謝の意を記します。

岩波明

著者略歴

岩波 明（いわなみ・あきら）

1959年、横浜市生まれ。東京大学医学部医学科卒業。東大病院精神科、埼玉医科大学精神科、東京都立松沢病院などにおいて、幅広い精神疾患の診療にあたる。うつ病の薬物療法、精神疾患の認知機能障害、司法精神医療、発達障害の臨床研究などの研究に従事。2008年に昭和大学医学部精神医学講座准教授、2012年に同大学精神医学講座主任教授、2015年から昭和大学附属烏山病院病院長を兼任、2024年より同大学特任教授。多くの臨床経験からリアリティ溢れた症例を紹介し、現代社会のさまざまな現象に鋭く切り込み、多数のベストセラーを創出している。著書に『発達障害』（文春新書）、『精神鑑定はなぜ間違えるのか?』（光文社新書）、『発達障害という才能』『発達障害の子どもたちは世界をどう見ているのか』（ともにSB新書）などがある。

SB新書　662

発達障害《はったつしょうがい》「不可解《ふかかい》な行動《こうどう》」には理由《ワケ》がある

2024年 8月15日　初版第1刷発行

著　　者　岩波《いわなみ》 明《あきら》
発 行 者　出井貴完
発 行 所　SBクリエイティブ株式会社
〒105-0001　東京都港区虎ノ門2-2-1
装　　丁　杉山健太郎
イラスト　こんどうしず
本文デザイン DTP　クニメディア株式会社
校　　正　有限会社あかえんぴつ
編集協力　高橋淳二
印刷・製本　中央精版印刷株式会社

本書をお読みになったご意見・ご感想を下記URL、
または左記QRコードよりお寄せください。
https://isbn2.sbcr.jp/26211/

落丁本、乱丁本は小社営業部にてお取り替えいたします。定価はカバーに記載されております。
本書の内容に関するご質問等は、小社学芸書籍編集部まで必ず書面にて
ご連絡いただきますようお願いいたします。

ISBN　978-4-8156-2621-1